BEYOUTIFUL

WIE DU MIT DEINEM KÖRPER FREUNDSCHAFT SCHLIESST

HANNA PREUSS-VAN VIERSEN

BALANCE RATGEBER

and i said to my body. softly. »i want to be your friend.«

it took a long breath. and replied »i have been waiting my whole life for this.«

Nayyirah Waheed

Hanna Preuss-van Viersen
BeYOUtiful
Wie du mit deinem Körper Freundschaft schließt

1. Auflage 2023

ISBN-Print: 978-3-86739-250-1
ISBN-PDF: 978-3-86739-325-6
ISBN-Epub: 978-3-86739-326-3

Bibliografische Information der Deutschen Nationalbibliothek

Die Deutsche Nationalbibliothek verzeichnet diese Publikation in der Deutschen Nationalbibliografie; detaillierte bibliografische Daten sind im Internet über http://dnb.d-nb.de abrufbar.

Hinweis

Bei den in diesem Buch vorgestellten therapeutischen Verfahren und praktischen Übungen hat die Autorin den aktuellen Stand in Forschung und Praxis berücksichtigt. Autoren und Verlag können aber keine Garantie für die Vollständigkeit und Wirksamkeit der Inhalte geben.

Der Balance buch + medien verlag ist ein Imprint der Psychiatrie Verlag GmbH, Köln.

Lektorat: Silke Reutler, Köln

Umschlagkonzeption und -gestaltung: GRAFIKSCHMITZ, Arnbruck,
unter Verwendung eines Bildes von Leszek Glasner / shutterstock.com

Typografiekonzeption und Satz: Alexander Klar, Deutschland

Illustrationen Seite 30, 57, 78, 96 Seite 30, 57, 78, 96: Rosa Linke, Weimar
Seite 11: Victoruler, Seite 17: Tatyana, Seite 28: Tatyana, iconix user, Ryan Spiering, Evan Bond, Seite 41: Kaleo, Seite 65: Abraham Barrera, Seite 89: Alex Muravev von The Noun Project

Druck und Bindung: Westermann Druck Zwickau GmbH

BEYOUTIFUL

INHALT

DOWNLOAD-MATERIALIEN

Den Zugang zu den Infoblättern und Übungen für Selbsthilfe und Therapie erhältst du auf der Website des Buches: https://balance-verlag.de/product/beyoutiful/

Kurzinterviews mit bekannten Body Image-Aktivistinnen und Aktivisten – herzlichen Dank für eure so unglaublich wichtige Arbeit! – findest du auf: https://balance-verlag.de/beyoutiful/

WARUM ES SICH FÜR DICH LOHNEN KÖNNTE, DIESES BUCH ZU LESEN

Wir freuen uns, dass du zu diesem Buch gegriffen hast, und ganz gleich, warum du es aufgeschlagen hast – es ist schön, dass du angefangen hast, darin zu lesen.

»BeYOUtiful – Wie du mit deinem Körper Freundschaft schließt« – vielleicht hat dich dieser Titel angesprochen, weil du dir schon seit längerer Zeit wünschst, wohlwollender mit deinem eigenen Körper umgehen zu können oder aber die Idee ist neu für dich und die Titelformulierung hat dich erstmalig aufhorchen lassen. Vielleicht kommt dir der Titel aber auch ironisch vor und macht dich wütend, weil du dich fragst, weshalb du dir deinen vermeintlich unperfekten oder sogar verhassten Körper zum Freund machen solltest.

Vielleicht steigt bei dir, wenn du deinen Körper denkst, auch die Schamesröte ins Gesicht und du würdest dich am liebsten verstecken. Vielleicht erinnerst du dich direkt an Äußerungen von anderen Menschen über deinen Körper, die dich sehr verletzt haben. Vielleicht denkst du neidvoll an eine schlanke Schulfreundin oder an einen Influencer und seinen vermeintlich definierten Körper, den du glaubst selbst niemals haben zu können. Vielleicht empfindest du auch Ekel, wenn du an deinen Körper denkst und bist davon überzeugt, dass es dir niemals gelingen wird, dich mit ihm anzufreunden.

Der Blick auf den eigenen Körper und die mit ihm verbundenen Erfahrungen können sehr verletzend erlebt werden, daher sind alle damit einhergehenden Gefühle verständlich und okay. Dieses Buch möchte dich einladen, dein eigenes Körperbild, also deine Vorstellung von deinem Körper, besser kennenzulernen und dich auf den Weg zu einer größeren Körperzufriedenheit zu begeben. Wie stehe ich eigentlich zu meinem Körper? Wie gehe ich mit ihm um? Bin ich wohlwollend, verständnisvoll und mitfühlend ihm gegenüber? Oder vielmehr kritisch, hart und beleidigend? Gibt es Momente, in denen mein Körper mein verhasster Feind ist, und wiederum andere Momente, in denen ich ihn bereits als Teil von mir – als einen guten Freund oder sogar meinen besten Freund – betrachten kann? Bekämpfe ich ihn die meiste Zeit, versuche ihn zu verbessern, zu optimieren und zu kaschieren oder bin ich gut zu ihm und akzeptiere ihn so, wie er ist?

Als Psychotherapeutinnen und Psychotherapeuten begleiten wir in unserer kinder- und jugendpsychiatrischen Ambulanz in Mainz mit Schwerpunkt in der Essstörungsbehandlung Jugendliche und junge Erwachsene auf ihrem Weg. Und egal welches Anliegen sie bei Behandlungsbeginn formulieren, geht es letztendlich doch meistens um die Unsicherheit bei der Einschätzung, wie wertvoll sie als Mensch sind. Oftmals ist die Frage nach dem generellen Selbstwert eng verknüpft mit der Bewertung des eigenen Körpers und Aussehens: Bin ich schlank, muskulös, schön, attraktiv genug? So als würde es einen Maßstab geben, an dem man ablesen könnte, ab welchem Body-Mass-Index oder Fat-Free-Mass-Index, welcher Körpergröße oder welchem Brustumfang man möglicherweise wertvoll ist. Die vermeintliche Verbesserung des Aussehens, die Gewichtsabnahme oder der Muskelaufbau werden als eine Strategie und manchmal sogar als die einzige Strategie erachtet, sich selbst annehmen zu können und von anderen als liebens- und begehrenswert angesehen zu werden. Befragungen haben ergeben, dass 24% bis 64% der weiblichen Jugendlichen und 12% bis 26% der männlichen Jugendlichen weltweit ihren Körper vorwiegend hart und selbstkritisch beurteilen (Wang u. a. 2019). Unbearbeitet stabilisiert sich die Körperunzufriedenheit bis ins Erwachsenenalter und kann, wenn weitere Faktoren einwirken, zu psychischen Erkrankungen, wie einer Körperbildstörung im Rahmen einer Essstörung oder einer körperdysmorphen Störung, führen.

FALLS DU ALSO MIT DEINEM KÖRPER UNZUFRIEDEN SEIN SOLLTEST, KANN DAS FAST JEDER ZWEITE JUGENDLICHE SEHR GUT NACHVOLLZIEHEN.

Falls du also mit deinem Körper unzufrieden sein solltest, kann das fast jeder zweite Jugendliche sehr gut nachvollziehen. Du bist mit diesem Empfinden nicht allein, sondern ganz im Gegenteil: Diese zutiefst menschliche körperbezogene Unsicherheit verbindet dich mit vielen anderen Menschen – mit deinen Mitschülerinnen und Mitschülern, deinen Bekannten aus dem Fitnessstudio, den Mädchen und Jungen aus der Bahn, deinen Nachbarinnen und Nachbarn, aber auch mit den vermeintlich sehr selbstbewussten Influencerinnen und Influencern. Denn selbst wenn jemand noch so selbstsicher auftritt und figurbetonte oder auffällige Kleidung trägt, können dennoch große Selbstzweifel bezüglich des eigenen Körpers bestehen und sich dahinter verbergen. Und auch wenn jemand in deiner Wahrnehmung viele Merkmale der vermeintlichen Schönheitsnorm aufweist, muss das noch lange nicht heißen, dass er diese bei sich selbst genauso auch wahrnimmt.

Wieso gelingt es in unserer Gesellschaft so selten, zu verdeutlichen, dass es keinen besseren oder schlechteren Körper, sondern nur einen an sich wertvollen Körper gibt? Warum gibt es Menschen, die sich von vermeintlichen Schönheitsidealen wenig beeinflussen lassen, und andere, die sich wiederum sehr davon beeindrucken lassen? Wie kann ich zufriedener mit meinem Körper werden? Und wie können mich andere Menschen auf meinem Weg zu mehr Körperzufriedenheit begleiten und unterstützen? Auf diese Fragen wollen wir in diesem Ratgeber Antworten finden.

Selbstverständlich gibt es bei jedem Menschen Momente, in denen er sich in seinem Körper nicht wohlfühlt. Das kann beispielsweise an einer traurigen Stimmung wegen eines Streits mit einem guten Freund liegen oder einfach daran, dass man schlecht geschlafen hat oder sehr gestresst ist. Bei jedem Menschen gibt es Momente, in denen er sich in seinem Körper nicht wohlfühlt. Bei jedem Menschen gibt es Momente, in denen er sich in seinem Körper nicht wohlfühlt. Daher soll das Ziel auch gar nicht sein, immer positiv über seinen Körper zu denken. Vielmehr möchten wir dich mit diesem Buch auf deinem individuellen Weg begleiten,

- dir zunehmend bewusster zu werden, dass jeder einzelne Körper besonders und gut ist und jeder von uns so viel mehr ist als sein Körper,
- mit deinem eigenen Körper grundlegend Frieden zu schließen und die ständigen kritischen Beurteilungen sein zu lassen und
- deinem Körper immer öfter mit Mitgefühl und vielleicht irgendwann sogar mit Wohlwollen zu begegnen.

Es erfordert viel Mut, sich dem eigenen Körperbild zuzuwenden – du kannst also sehr stolz auf dich sein, für diesen ersten großen Schritt, den du bereits getan hast, indem du diesen Abschnitt gelesen hast.

WIR SIND ALLE SO VIEL MEHR ALS SCHÖN, SCHLANK ODER MUSKULÖS – BEYOUTIFUL EBEN!

Wir möchten dich mit diesem Ratgeber einladen, dich auf den Weg zu einem gesunden Körperbild zu begeben – mit der wachsenden Erkenntnis, dass wir alle so viel mehr sind als schön, schlank oder muskulös – BeYOUtiful eben!

Was für dich dabei noch wichtig sein könnte:

Dieser Ratgeber kann therapiebegleitend eingesetzt werden, aber er kann dich auch als emotionaler Begleiter im ganz normalen Alltagswahnsinn der Pubertät unterstützen. Er soll das Buch sein, das wir uns als Jugendliche selbst auch gewünscht hätten zu lesen.

Es werden darin vorwiegend Strategien aus der kognitiven Verhaltenstherapie und in ihrer Weiterentwicklung aus der Schematherapie vermittelt. Diese Strategien gelten als wissenschaftlich fundiert – zumindest für das Erwachsenenalter, für das Jugendalter stehen die Wirksamkeitsprüfungen zum Teil noch aus. Als wegweisend können hierbei die Übungen aus der Körperbildtherapie für Anorexia und Bulimia nervosa von Vocks, Bauer und Legenbauer (2018) angesehen werden, die sich in leicht abgeänderter Form auch bei Jugendlichen bewährt haben. Zusätzlich fließen aufgrund unserer Erfahrungen in der Praxis mit Kindern und Jugendlichen auch wertvolle schematherapeutische und bindungsorientierte Strategien ein. Alle Inhalte dieses Buches sind als eine Art Bausteine zu verstehen und können selbstverständlich von dir so ausgewählt und verändert werden, dass sie für dich persönlich passen und dir guttun.

Alle aufgeführten Beispiele sind der psychotherapeutischen Arbeit unserer Ambulanz entlehnt, jedoch stark verfremdet und so weit wie möglich geschlechtsneutral gestaltet. Ganz herzlich möchten wir uns bei allen Patientinnen und Patienten bedanken, mit denen wir an ihrem persönlichen Körperbild arbeiten durften und von denen wir sehr viel lernen konnten. Zudem soll Nele Goldbach, Karin Perthes, Judith Unterhauser, David Kolar und Florian Hammerle gedankt werden, die diesen Ratgeber inspiriert und entscheidend geprägt haben.

Wir hoffen sehr und wünschen dir, dass du in diesem Ratgeber Antworten findest, die dir weiterhelfen, und möchten dich herzlich einladen, dich mit uns über deine Gedanken auszutauschen. Wir freuen uns sehr über deine Rückmeldungen an: *beYOUtiful@balance-verlag.de.* Für positive, ergänzende und kritische Anmerkungen sind wir dir dankbar.

Hanna Preuss-van Viersen

Mainz, im März 2023

ZU DICK, ZU KLEIN, NICHT GENÜGEND MUSKELN: KENNST DU DIESE GEDANKEN?

In diesem Kapitel erfährst du, was sich hinter den Begriffen Körperbild, Schönheit und Attraktivtät verbirgt und welche inspirierende Gegenbewegungen es zu den Schönheitsidealen unserer Gesellschaft gibt (#bodydiversity, #bodypositivity und #bodyneutrality). Zudem möchten wir dir aufzeigen, wie sich unsere Unzufriedenheit mit unserem Körper auf den vier Komponenten Wahrnehmung, Gedanken, Gefühle und Verhalten ausdrückt. Und du lernst sechs Jugendliche mit ganz unterschiedlichen Sorgen bezüglich ihres Körpers kennen, die dich durch das ganze Buch begleiten werden.

EINE ENTWICKLUNGSAUFGABE, DIE ZUM WACHSEN EINLÄDT

Unzufriedenheit mit uns selbst muss nicht ausschließlich etwas Negatives sein, sondern kann uns dazu bringen, unsere Schwierigkeiten und vermeintlichen Schwächen zu analysieren und zu bearbeiten. Gereift und gestärkt durch neue Erkenntnisse können wir dann aus dieser herausfordernden Lebensphase gehen, in der wir viel über uns gelernt haben. Wenn wir nun beispielsweise unzufrieden mit unserem Gewicht oder unserer Figur sind, kann uns das helfen, fürsorglicher mit unserem Körper und seinen Bedürfnissen umzugehen. Möglicherweise warst du in letzter Zeit wegen der Klausuren gestresst und hast dir deshalb nicht ausreichend Zeit genommen, dich gut zu ernähren und dich regelmäßig zu bewegen. Jetzt achtest du wieder stärker darauf, dass du mittags eine warme, ausgewogene Mahlzeit isst und mit dem Fahrrad statt dem Bus zur Schule fährst. In diesem Fall sind deine Gedanken zu deinem Körper unterstützend und bringen dich voran. Es gehört zu den Entwicklungsaufgaben eines jeden jungen Menschen – bis ins Erwachsenenalter hinein –, ein positives körperliches Selbstwertgefühl aufzubauen.

Manchmal ist die Unzufriedenheit mit dem eigenen Körper jedoch so stark ausgeprägt, dass wir in harte, selbstkritische und manchmal sogar selbstverachtende »innere Monologe« verfallen. Manchmal verstecken sich diese negativen Wörter oder Sätze aber auch in einer Aussage oder Frage, die wir uns immer wieder stellen und die wir uns insgeheim aber schon längst beantwortet haben – nämlich mit einem negativen Urteil über uns selbst (z.B. »Wie sehe ich denn heute wieder aus?!«). Jugendliche und junge Erwachsene haben in unserer Ambulanz von Gedanken berichtet, wie »Ich bin fett«, »Mein Körper ist unförmig und schwabbelig«, bis hin zu »So wie ich aussehe, kann man mich nicht mögen«, »Ich bin abstoßend, einfach ekelerregend« oder »Ich sehe aus wie ein Monster«.

In den Gesprächen mit ihnen wird deutlich, dass sich diese kritischen Gedanken meist auf das Gesamtbild und/oder die häufig als »typische Problemzonen« bezeichneten Körperregionen beziehen wie Bauch, Beine, Po, Brüste und Taille. Allerdings kann die Unzufriedenheit auch noch weitere Körperteile betreffen wie bestimmte Bereiche des Gesichts, beispielsweise die rechte oder linke Gesichtshälfte, oder die Ohren, die Füße, die Vulva und den Penis. Oder aber die Unzufriedenheit bezieht sich auf die Körpergröße (»Ich bin zu groß«, »Ich bin zu klein«) oder die Muskeln (»Ich bin viel zu schmächtig, einfach unmännlich«). Häufig werden auch

Hautmerkmale, wie z.B. Pickel, Muttermale und Narben oder die eigene Hautfarbe kritisch beäugt. Genauso kann eine vermeintlich geringe Körperbehaarung an den Beinen, eine zu starke Körperbehaarung im Gesicht und an den Armen oder ein lockiges oder krauses Haar als belastend empfunden werden.

Bevor wir erklären, wie die Unzufriedenheit mit dem eigenen Körper entstehen kann (siehe das Kapitel »Woher kommt die Unzufriedenheit mit dem eigenen Körper?«, Seite 41), und dir Möglichkeiten aufzeigen, wie du dir selbst helfen kannst, dich davon zu befreien (siehe die Kapitel »Hab Mut zur Veränderung« und »Wie du dir selbst helfen kannst«, ab Seite 65), möchten wir dir sagen, dass du mit dieser Empfindung nicht alleine bist. Im folgenden Abschnitt lernst du sechs Jugendliche mit ganz unterschiedlichen Sorgen bezüglich ihres Körpers kennen, die alle eine ausgeprägte Unzufriedenheit verspüren.

> **Mika, 16,** normalgewichtig, folgt bekannten Fitness-Influencern und liebt deren »Fitspirations« zur Motivation (#gymselfies). Um einen möglichst niedrigen Körperfettanteil zu erreichen und viel Muskeln aufzubauen, ist er bereit, ein intensives Training nach der Schule zu betreiben und Kohlenhydrate zu meiden. Er liebt es, über Kraftsport und die richtige Ernährung zu fachsimpeln, trackt seine Makros und verbringt viel Zeit im Gym und auf TikTok. Obwohl Mika auf andere Menschen sehr selbstsicher wirkt, macht er sich viele Sorgen über seinen Körper.

> **Laura, 16,** war schon immer eher schlank, dennoch fühlt sie sich »ständig fett« und nach jedem Essen »aufgebläht«. Seit einem halben Jahr macht sie eine Diät, bei der sie vorwiegend Salat und Obst isst und auf das Frühstück ganz verzichtet. Mit ihren Eltern hat sie deshalb schon einige Konflikte gehabt, die Essenssituationen in der Familie sind sehr angespannt und von ihren Freunden hat sie sich zurückgezogen. Laura ist zuletzt selbst aufgefallen, dass sich in ihren Feeds immer mehr Beiträge zu Skinny Girl-Challenges von sehr dünnen Influencerinnen sammeln.

> **Amira, 17,** ist nie zufrieden mit ihrer Figur, auch die Form ihrer Brüste und ihrer Nase gefällt ihr nicht. Sie wünscht sich eine Sanduhrfigur à la Nicki Minaj und Kylie Jenner und hat auch schon darüber nachgedacht, sich später Po-Implantate einsetzen zu lassen. Zudem schämt sie sich für ihre, aus ihrer Sicht, dicken dunklen Haare auf den Armen, Beinen, ihrem Rücken und im Gesicht – alle drei Tage rasiert sie daher ihren gesamten Körper, was viel Zeit in Anspruch

nimmt. Auf Insta und TikTok folgt Amira mit großem Interesse Beiträgen zu Fitnessübungen, mit denen man sich einen prallen Po antrainieren kann.

Paul, 14, war schon als Kind eher kräftig gebaut. Er schämt sich dafür, dass er mehr wiegt als seine Klassenkameraden, und versucht davon abzulenken, indem er lustige Sprüche über sein Körpergewicht reißt. Insgeheim ist er davon überzeugt, dass er mit seiner Figur niemals erfolgreich sein und bei Mädchen gut ankommen kann. Wenn es um Treffen oder Partys geht, ist Paul immer raus. Niemand würde vermuten, dass seine Absagen mit seinem Aussehen zu tun haben könnten. Mit seinen Selbstzweifeln bezüglich seines Körpers hat er sich bislang noch niemandem anvertraut.

Kasim, 18, empfindet sich selbst als »Lauch« und wird auch so in der Schule und im Freundeskreis gerufen. Er schämt sich für seine dünnen Beine und trägt deshalb im Sommer keine kurzen Hosen. Eigentlich hätte er gerne einen definierten Körper und würde gerne pumpen gehen, aber ins Gym traut er sich nicht. Hinzu kommt, dass er seine, wie er es nennt, karamellfarbene Haut nicht mag. Auf sein krauses Haar wurde er schon oft angesprochen, das ist ihm peinlich. Zu seinem Körper hat Kasim keinen großen Bezug, meist blendet er ihn einfach aus.

Marisa, 18, fühlt sich wegen ihres höheren Körpergewichts als Außenseiterin in ihrem Freundeskreis. Sie ist überzeugt, aufgrund ihres Aussehens niemals einen festen Freund zu finden. Es gibt Tage, an denen sie sich so hässlich fühlt, dass sie Treffen absagt und sich zu Hause in ihrem Zimmer verkriecht. Sie ist oft traurig und fühlt sich einsam. An anderen Tagen wiederum stürzt sie sich in Dates mit älteren Männern – meist trinkt sie dabei auch viel Alkohol, um sich wohler in ihrem Körper zu fühlen. Danach erlebt Marisa oftmals ein richtiges Gefühlschaos.

Mika, Laura, Amira, Paul Kasim und Marisa werden dich durch diesen Ratgeber begleiten und von ihrem persönlichen Umgang mit ihrem Körperbild berichten. Sie werden dich immer wieder daran erinnern, dass du auf deinem Weg zu mehr Zufriedenheit mit deinem Körper mit vielen anderen Menschen verbunden bist, auch wenn deine Herangehensweise ganz individuell sein wird.

Wir möchten dich in einem ersten Schritt anregen zu beobachten, was dieses Kapitel zum Hintergrundwissen und das nächste Kapitel zu den Entstehungsbedingungen mit dir macht.

KÖRPERBILD, SCHÖNHEIT UND ATTRAKTIVITÄT: WAS VERBIRGT SICH DAHINTER?

Vor ca. 90 Jahren, im Jahre 1935, erwähnt der österreichische Psychiater Paul Schilder erstmals den Begriff »Körperbild«, auf Englisch »body image«, als Ausdruck für unsere persönliche Vorstellung davon, wie unser Körper wohl aussieht. Andere Mediziner verstehen insbesondere das Körperbild als einen entscheidenden Bestandteil der eigenen Identität, d.h. wie und wer man ist. Andere wiederum werten das Körperbild als einen Aspekt des Selbstkonzepts, also als Vorstellung, die man von sich selbst hat. Im Vergleich zum Begriff »Körperschema«, der sich vornehmlich auf die Wahrnehmungen des eigenen Körpers bezieht, schließt der des Körperbilds mehrere Ebenen ein. Was wir hier unter Körperbild verstehen, ist im nachfolgenden Kasten beschrieben.

Was ist das Körperbild?

Das Körperbild beschreibt deine Einstellung und Zufriedenheit mit deinem Körper und mit dem, was dein Körper kann. Dein Körperbild besteht aus vier Komponenten, die bei jedem Menschen unterschiedlich ausgeprägt sind. Dein Körperbild setzt sich zusammen aus dem

1. wie du deinen Körper siehst, spürst und wahrnimmst,
2. wie du über deinen Körper denkst,
3. wie du dich in deinem Körper fühlst und
4. wie du dich deinem Körper gegenüber verhältst, d.h. wie du mit ihm umgehst.

Wenn wir in diesem Ratgeber der Einfachheit halber über Körperzufriedenheit sprechen, beziehen wir uns genau auf diese Definition. Wir meinen dann die Zufriedenheit mit dem eigenen Körper, die sich in den vier Komponenten – Wahrnehmung, Gedanken, Gefühle und Verhalten – ausdrückt. Auch wenn du es dir vielleicht jetzt noch nicht vorstellen kannst, diese vier Komponenten des Körperbilds lassen sich von dir selbst und anderen beeinflussen.

Vor allem im Jugendalter stellt das Erreichen einer wohlwollenden und akzeptierenden Haltung gegenüber dem eigenen Körper eine entscheidende Entwicklungsaufgabe dar. Jugendliche und junge Erwachsene müssen lernen, mit den starken Veränderungen ihres Körpers im Laufe der Pubertät zurechtzukommen. Auch zu einem späteren Zeitpunkt des Lebens, wenn der Körper sich nochmals verändert, z.B. durch Schwangerschaft oder Alterung, kann sich diese Entwicklungsaufgabe noch einmal stellen.

Die ständige Konfrontation mit vermeintlich perfekten und idealen Körpern in den sozialen Medien macht es nicht leicht, sich selbst anzunehmen und ein gutes Körpergefühl zu entwickeln. Ob wir es wollen oder nicht, unser persönliches Körperbild wird vom gesellschaftlich geprägten Schönheitsideal beeinflusst.

Was wir an uns selbst schön oder nicht so schön finden, basiert zwar auf einem bewussten ästhetischen Urteil, jedoch lassen wir uns von dem lenken, was gerade angesagt ist. Eine der ältesten Darstellungen des weiblichen Körpers ist die Venus von Malta. Die ca. 20.000 Jahre alte Statue zeigt einen vollen Körper mit großen Brüsten und breiten Hüften – zur damaligen Zeit Merkmale für die Fruchtbarkeit einer Frau, die als schön galten. Anders als Schönheit, beruht Attraktivität eher auf unbewussten Mechanismen. Wen wir als attraktiv, d.h. anziehend wahrnehmen, ist individuell unterschiedlich und hängt von vielen verschiedenen Faktoren ab, beispielsweise auch von unseren Erwartungen an die andere Person: Inwieweit wird sie meine Bedürfnisse erfüllen? (Ausführliche Erläuterung hierzu im Abschnitt »Schöne Frau, muskulöser Mann – ist das wirklich dein Ernst?«, Seite 95.)

Interessanterweise hat sich das Schönheitsideal über die Epochen hinweg sehr gewandelt. Es lässt sich feststellen, dass die jeweiligen Lebensumstände das Schönheitsideal stark prägen: So entsprachen in der Antike Frauen mit Rundungen der Idealvorstellung, da sie auf Vermögen schließen ließen. Im Mittelalter waren zudem bleiche Haut – ein Zeichen dafür, keine körperliche Arbeit verrichten zu müssen –, kleine Brüste und eine hohe Stirn bei Frauen das geltende Schönheitsideal. Auch im Barock und Rokoko hatten reiche Frauen und Männer vorwiegend die Aufgabe, schön auszusehen. So war dem idealen Körper anzumerken, dass er sich nicht anstrengen musste, sondern gepflegt wurde – er war üppig und man trug lange Perücken.

Ab Mitte des 17. Jahrhunderts kam dann das Korsett in Mode. Die ideale Frau hatte jetzt eine sehr schmale Taille, eine sogenannte Wespentaille, die durch die Schnürung entstand – diesem Schönheitsideal wurde bis in die Epoche des Biedermeier nachgeeifert. Nach Kriegsende in den wilden 20er-Jahren wollte man sich auch von modischen Zwängen verabschieden – es war ein jungenhafter Charme bei Frauen angesagt, die Frau trug einen kurzen Bubikopf und gerade geschnittene Kleider.

In den 30er- bis 50er-Jahren kam es wiederum zu einer Rückbesinnung auf einen weiblichen Körper – Busen, Bauch und Po waren wieder gefragt. Alle Frauen wollten aussehen wie Brigitte Bardot oder Marilyn Monroe, mit den vermeintlich perfekten Körpermaßen 90-60-90. Nur zehn Jahre später war wiederum ein eher knabenhaftes, auch als androgyn bezeichnetes Frauenbild gefragt, und Topmodels wie Twiggy standen im Scheinwerfer.

Die 80er- und 90er-Jahre waren die Zeit der Supermodels: groß, schlank und athletisch wie Claudia Schiffer und Cindy Crawford wollte man sein. Dieses Streben nach einer schlanken und zugleich sportlichen Figur ist bis heute stark verbreitet. Eine Zeit lang wurde auch eine Size-Zero-Figur, wie Kate Moss sie früher hatte, als wünschenswert angesehen, was bedeutet, die kleinste Kleidergröße tragen zu können: Die amerikanische Kleidergröße 0 ist sogar noch deutlich kleiner als die deutsche Kleidergröße 32. Die Größe 32 mit einem Brustumfang von 74 – 77 cm und einem Taillenumfang von 60 – 62 cm entspricht der Kindergröße 152 und ist eigentlich für 12-Jährige gedacht. Diese Kleidergröße muss dir nicht passen.

In letzter Zeit ist es erneut zu einer Rückbesinnung auf Kurven gekommen. Viele Mädchen und junge Frauen berichteten von ihrem Wunsch nach einer Sanduhrfigur, auch als »Slim Thick«-Ideal beschrieben, das in südamerikanischen Ländern schon seit Längerem als attraktiv gilt. Hierunter wird ein kurviger oder voller Körpertyp verstanden, der sich durch einen großen Po, große Brüste und Oberschenkel bei schmaler Taille und flachem Bauch auszeichnet. Dieses Körperideal scheint bei jungen – insbesondere bei perfektionistischen – Studentinnen zu einer stärkeren Unzufriedenheit mit ihrem Körper zu führen, anders als das schlanke und sportliche Schönheitsideal (McComb & Mills 2022). Bei der Sanduhrfigur ist übrigens das Verhältnis von Brust-, Taillen- und Hüftumfang noch unrealistischer als bei einer schlanken Idealfigur. Der Trend scheint seit Neuestem aber doch wieder zu einer dünneren Figur zurückzugehen. Bekannte Influencerinnen, die eine Sanduhrfigur vertreten haben, wie z.B. Kim Kardashian, verlieren gerade deutlich an Gewicht. Neu ist jedoch: Ein trainierter Körper, eine sportliche Attraktivität wird gegenüber einem reinen Schlanksein bevorzugt – »fit ist the new skinny«.

Bei Jungen und jungen Männern dominiert heutzutage oft der Wunsch nach einem muskulösen Körper mit geringem Körperfettanteil, da diese körperlichen Attribute als männlich gelten. Ein V-förmiger Oberkörper mit breiten Schultern und schmaler Hüfte scheint als ideal angesehen zu werden. Das Streben nach einem durchtrainierten, athletischen Äußeren hatten bereits die Männer in der griechischen Antike. Über die Epochen hinweg war zeitweise auch ein androgyner Look angesehen, bei dem Männer weibliche Körperzüge betonten, wie z.B. David Bowie. Auch heute noch ist es in gewissen Bereichen der Musikszene angesagt, wie in der Metal-, Gothic- und Emo-Szene, möglichst schlank zu sein und in Skinny Jeans zu passen.

WUSSTEST DU DAS? Wissenschaftler gehen davon aus, dass sich unser Schönheitsideal derzeit so schnell verändert wie noch nie zuvor (Leder u. a. 2022). Das hat damit zu tun, dass wir über Instagram & Co so viel mehr digitalen Fotos von Gesichtern und Körpern ausgesetzt sind als früher: Aus all diesen Bildern formt sich unser Idealbild. Problematisch ist hierbei, dass wir neben natürlichen Gesichtern auch viele künstliche, gefilterte und bereits nach dem Schönheitsideal genormte Gesichter, das sogenannte »Instagram Face«, verinnerlichen, wodurch unser vermeintliches Idealbild immer einseitiger und extremer wird.

Zu diesem starken Fokus auf genormte Schönheitsideale gibt es Gegenbewegungen, wie z.B. die »Body Positivity«-Bewegung. Der Kerngedanke dabei ist, dass jeder Körper schön ist und Schönheitsideale abgeschafft werden sollten. Diese Haltung entstammt ursprünglich der »Fat Acceptance«-Bewegung, die von People of Color (PoC) mit höherem Körpergewicht in den 60er-Jahren ins Leben gerufen wurde. Anhängerinnen und Anhänger dieser Bewegung machen sich bis heute stark gegen eine gewichtsbezogene Diskriminierung. Sie möchten vermitteln, dass die psychischen Folgen der Ausgrenzung, die Menschen wegen ihres Körpergewichtes erfahren, das eigentliche Gesundheitsrisiko darstellen. Daher zeigen sie auch Fotos von ihren Rundungen, ihrer Cellulite und verwenden lieber das Wort »fett« für sich anstelle von »übergewichtig«. Aus ihrer Sicht beinhaltet der Begriff »übergewichtig« nämlich schon eine (Ab-)Wertung: Das Gewicht liegt über der vermeintlichen Norm. Wir möchten in diesem Ratgeber die Begriffe »Mehrgewicht« und »mehrgewichtig« verwenden, da diese von vielen Menschen als weniger wertend wahrgenommen werden.

Die Body Positivity-Bewegung wird allerdings zunehmend kritisch gesehen, weil sie das Aussehen weiterhin in den Mittelpunkt stellt. Zudem verwenden derzeit häufig junge, vorwiegend weiße Frauen und Männer das Hashtag bodypositivity in ihren Beiträgen, um über ihre nicht perfekt geshapte Strandfigur zu sprechen, die aber eigentlich dem Schönheitsideal entspricht. Möglicherweise wäre es daher noch besser, den Wert, den man sich selbst zuspricht, von der äußeren Erscheinung zu entkoppeln. Das Aussehen sollte einen geringeren Stellenwert für uns selbst und unsere Gesellschaft einnehmen. Jeglicher »Bodytalk« führt demnach dazu, dass wir unsere Aufmerksamkeit zu stark auf unseren Körper lenken, bestehende Schönheitsideale bestärken und die wirklich wichtigen Aspekte einer Person (z.B. ihre Einzigartigkeit hinsichtlich Eigenschaften und Interessen) vernachlässigen. Vielleicht gelingt es ja irgendwann, zu sagen: »Ich muss meinen Körper nicht schön finden, mein Aussehen darf mir egal sein.«

Dieses Anliegen haben die Verfechterinnen und Verfechter der »Body Neutrality«-Bewegung. Eine kritische Meinung hierzu wiederum ist, dass ausgegrenzte Körper, sogenannte »marginalisierte Körper«, die Diskriminierung aufgrund von Äußerlichkeiten erfahren, immer politisch sind und daher nicht ignoriert werden können. Wobei sich viele Body Image-Aktivistinnen und -Aktivisten derzeit in den sozialen Medien einig sind, sie werben für eine Vielfalt an Körperformen (»Body Diversity«) und eine bedingungslose Akzeptanz des eigenen Körpers.

ONLINE TIPP Schau dir mal Beiträge unter #bodydiversity, #bodypositivity und #bodyneutrality auf Instagram an.
Auch findest du zahlreiche spannende Diskussionen auf YouTube, wie z.B. »Body Positivity ist gut, Body Neutrality ist besser!« vom »Bodenpersonal« im Bistum Osnabrück: https://www.youtube.com/watch?v=ZVNgn2PSRLk
Denk mal darüber nach, wie wichtig es dir ist, dass man sich selbst attraktiv findet.

WIE ZEIGT SICH KÖRPERUNZUFRIEDENHEIT?

Von den vier Komponenten des Körperbilds hast du ja bereits erfahren. Im folgenden Abschnitt werden dir für jede Komponente Beispiele gegeben, damit du sie dir besser vorstellen kannst. Vielleicht ist dir der ein oder andere Aspekt auch bereits aus deinem Umgang mit deinem Körper vertraut oder du kannst ihn sehr gut nachempfinden. Deine Körperunzufriedenheit kann sich zeigen in dem …

… wie du deinen Körper siehst, spürst und wahrnimmst → Wenn du dich selbst im Spiegel oder in einer spiegelnden Oberfläche, wie einem Schaufenster, betrachtest, entsteht ein bestimmter Eindruck von deinem Körper. Es ist dein subjektiver Eindruck, der nicht mit deinen wirklichen, verifizierbaren Körpermaßen übereinstimmen muss. Dieser Eindruck ist das Bild, das du von deinem eigenen Körper hast. Wenn eine starke Körperunzufriedenheit besteht, werden die eigenen Körpermaße sehr verzerrt wahrgenommen. Oftmals werden die eigenen Körperdimensionen überschätzt, z.B. bestimmte Körperteile – wie Oberschenkel, Oberarme und Bauch oder die Nase – werden als sehr dick oder übermäßig groß wahrgenommen.

Es ist noch nicht abschließend geklärt, wie es zu einer so verzerrten Wahrnehmung kommen kann. Verschiedene Faktoren könnten dabei eine Rolle spielen: Möglicherweise erinnert man sich an eine frühere Form seines Körpers und kann sich davon nicht lösen. Auch könnten sich negative Einstellungen bezüglich des Körpers ungünstig auf die Wahrnehmung auswirken. Vielleicht richtest du deine Aufmerksamkeit wie einen Scheinwerfer auf einen bestimmten Aspekt deines Körpers, und du nimmst ihn daher stärker wahr. Angesichts dieser Aufmerksamkeitslenkung kann schnell die eigene Attraktivität unterschätzt und die von anderen Menschen überschätzt werden. Studien mit Mädchen, die an Essstörungen leiden, zeigten, dass diese länger auf die als unattraktiv bewerteten Körperaspekte und kürzer auf die als attraktiv bewerteten Körperaspekte ihres eigenen Körpers schauen (Bauer u. a. 2017). Zudem wurde der Blick länger auf die unattraktiv bewerteten Körperaspekte des eigenen Körpers gerichtet als auf die unattraktiv bewerteten Körperaspekte eines anderen Körpers. Ganz konkret: Es könnte sein, dass du bei dir selbst nur die vermeintlichen Schwachstellen am Körper siehst und bei anderen Menschen insbesondere ihre »Schokoladenseiten«, ihre körperlichen Stärken, wahrnimmst.

ONLINE TIPP Auf YouTube findest du einen Kurzfilm des Dove-Projektes für mehr Selbstwertgefühl, wenn du das Stichwort »Dove Real Beauty Sketches« eingibst. Er zeigt sehr berührend, wie sehr sich die eigene Wahrnehmung des Aussehens von der Sicht anderer, der sogenannten Fremdwahrnehmung, unterscheiden kann.

… wie du über deinen Körper denkst → Die Unzufriedenheit bezüglich des eigenen Körpers zeigt sich klassischerweise in ungünstigen, negativen Gedanken in Bezug auf deinen Körper, wie wir sie bereits beschrieben haben. Diese Gedanken beziehen sich auf die Unzufriedenheit mit dem Körper (z.B. »Meine Haut sieht schrecklich aus«), auf eine Besorgnis (z.B. »Was denken nur die anderen, wenn sie mich mit diesen Pickeln sehen?«) oder ein Bedauern (z.B. »Mein Leben wäre so viel besser, wenn ich eine glattere Haut hätte«).

Bei Figur- und Gewichtssorgen zeigt man Betroffenen manchmal auch verschiedene Körpersilhouetten, aus denen zwei ausgewählt werden sollen – erstens die Silhouette, die den eigenen Körper am besten darstellt, und zweitens die Silhouette, die dem eigenen Schönheitsideal am ehesten entspricht. Je stärker diese beiden ausgewählten Körperfiguren voneinander abweichen, desto größer ist womöglich auch die Körperunzufriedenheit. Selbst bei Mädchen im Alter von 7 bis 11 Jahren wünschte sich die große Mehrheit – nämlich 65% – einen dünneren Körper zu haben (Evans u. a. 2013). Bei weiblichen Jugendlichen waren es 55%, die eine schlankere Figur als ihre derzeitige Figur bevorzugen würden (Mohnke & Warschburger 2011). Fast 70% der männlichen Jugendlichen wünschten sich einen deutlich breiteren und muskulöseren Körperbau verglichen mit ihrer tatsächlichen Figur. Unzufriedenheit mit dem eigenen Körper prägt somit die Gedankenwelt nahezu jedes jungen Menschen.

… wie du dich in deinem Körper fühlst → Unter dieser Komponente werden alle negativen Gefühle bezüglich des eigenen Körpers zusammengefasst. Menschen mit einer ausgeprägten Körperunzufriedenheit fühlen sich unsicher im eigenen Körper, schämen sich für bestimmte Körperbereiche und ekeln sich gar vor sich selbst. Bei der Konfrontation mit dem eigenen Spiegelbild erleben Frauen mit Essstörungen deutlich intensivere Gefühle von Angst, Ekel, Traurigkeit, Unsicherheit und Wut verglichen mit gesunden Frauen (Vocks u. a. 2007). Alle wahrgenommenen Gefühle hängen eng mit den Gedanken zusammen, die du dir bezüglich deines Körpers machst.

… wie du dich deinem Körper gegenüber verhältst → Es gibt Verhaltensweisen, die zum Ziel haben, gewisse Körperaspekte zu beobachten und zu prüfen, um die vermeintliche Sicherheit zu haben, dass diese ja gar nicht so schlimm aussehen, das sogenannte Kontrollverhalten. Dann gibt es auch Verhaltensweisen, die dazu führen, dass man sich nicht stärker mit dem eigenen Körper und den Sorgen auseinandersetzen muss, das ist das sogenannte Vermeidungsverhalten. Hinzu kommt, dass Verhaltensweisen vernachlässigt werden, die zu einem positiven Körpergefühl beitragen könnten, wie z.B. das Eincremen des Bauchs nach dem Duschen oder sich massieren zu lassen.

Meist erkennen junge Menschen mit einer starken Körperunzufriedenheit bei sich Verhaltensweisen aus allen drei Bereichen. Menschen mit einem ausgeprägten Kontrollverhalten überprüfen unentwegt bestimmte Körperaspekte im Spiegelbild. Ständig wird geprüft, wie dünn der Bauch ist oder ob das T-Shirt auch wirklich den ganzen Bauch verdeckt. Gewisse Körperstellen werden immer wieder angefasst, befühlt und gemessen, z.B. ob der Hüftknochen zu ertasten ist, welchen Umfang der Bauch hat oder wie ebenmäßig die Haut im Gesicht ist. Manche Jugendliche berichten auch, dass sie sich ständig wiegen, z.B. vor einer Mahlzeit und nach einer Mahlzeit, um zu überprüfen, ob sie zugenommen haben. Zudem werden Freunde, Eltern oder Geschwister wiederholt befragt, ob eine Gewichtszunahme oder die vermeintlich zu große Nase zu erkennen ist.

Bei starkem Vermeidungsverhalten verdecken Menschen ihren Körper mit weiten Kleidungsstücken oder ihren Po mit einem Rucksack, der ständig getragen wird. Auch kann bewusst schwarze Kleidung getragen werden, damit die Figur schmaler wirkt oder das Gewicht nicht auffällt. Ebenso werden Sonnenbrillen auch dann getragen, wenn die Sonne nicht scheint, um vermeintlich hässliche Augenpartien oder Augenringe zu verhüllen. Aktivitäten, bei denen Teile des Körpers nackt zu sehen sind, werden gemieden. Ein Freibadbesuch im Sommer, Sauna oder Shopping-Touren in hell erleuchteten Umkleidekabinen sind nicht möglich. Auch haben Jugendliche davon berichtet, dass sie versuchen, Reflexionen von Spiegeln, Schaufenstern und Autoscheiben ganz zu vermeiden – der Weg in die Innenstadt wird so zum Spießrutenlauf. Eine nahezu panische Angst davor, das eigene Körpergewicht zu erfahren, kann dazu führen, dass Eltern die Körperwaage zu Hause wegschließen müssen.

In der nachfolgenden Abbildung werden die vier Komponenten des Körperbilds dargestellt. Sie hängen eng miteinander zusammen und können einen sogenannten Teufelskreis des negativen Körperbilds bilden (siehe auch Seite 60).

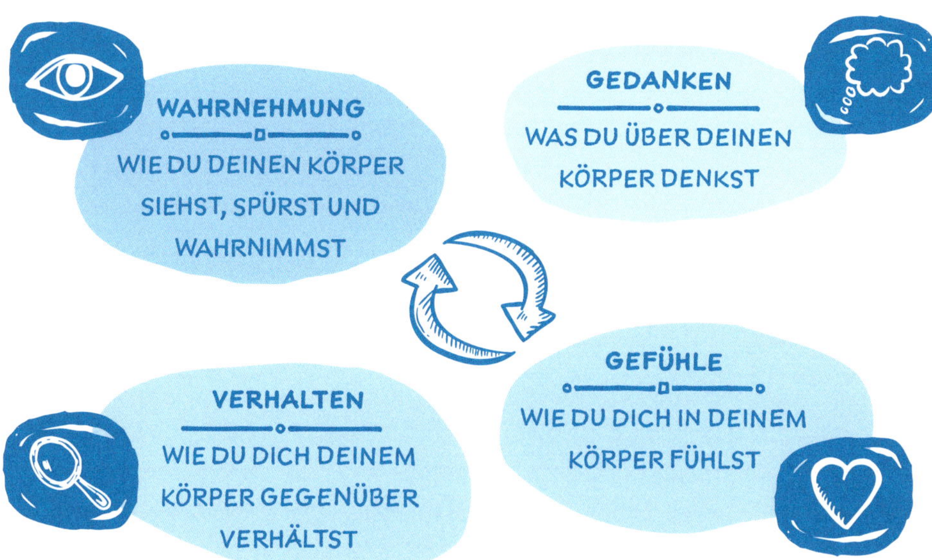

ABBILDUNG 1 — Wie die vier Komponenten des Körperbilds zusammenhängen (nach Vocks, Bauer & Legenbauer 2018)

Die gute Botschaft dabei ist: So wie Dominosteine, die sich gegenseitig mitreißen und nacheinander fallen, können sich die vier Komponenten auch wechselweise positiv beeinflussen. Wenn du an einer Komponente etwas Kleines veränderst, z.B. deine Aufmerksamkeit wieder auf alle Aspekte deines Körpers richtest und dich ganzheitlicher betrachtest, wird das einen Effekt auf deine Gedanken, deine Gefühle und dein Verhalten haben. Du wirst möglicherweise ein klein wenig zufriedener sein, dich etwas weniger schämen für deinen Körper und dich möglicherweise trauen, doch zur nächsten Party zu gehen.

MINIROCK, RÜCKZUG ODER SICH-FÜGEN: WAS SIND INNERE ANTEILE?

Die eben beschriebenen vier Komponenten kann man sich auch als innere Anteile vorstellen – als Seiten deiner Persönlichkeit. Jeder von uns hat verschiedene Seiten. Je nach Situation sind wir kritisch mit uns selbst und spüren dabei kaum Gefühle oder erleben uns verletzt, kindlich und spüren sehr stark unsere Gefühle. In anderen Situationen wiederum erleben wir uns als kühl und distanziert von anderen. Wenn wir uns unsere verschiedenen Seiten als Mitglieder eines inneren Teams vorstellen – unsere ganz persönlichen inneren Anteile – macht das viele Zusammenhänge verständlicher.

Stell dir deine Gedanken-Komponente mal als einen inneren Anteil vor, der sehr hart und kritisch über deinen Körper oder dein Aussehen spricht. Wie eine innere Stimme, die dir z.B. immer wieder sagt, »Du bist nicht attraktiv genug« oder »Wenn du nicht schlank bist, findest du nie einen Freund«. Von diesem inneren Anteil fühlt man sich angetrieben und stark unter Druck gesetzt oder sogar abgelehnt und gehasst.

Vielleicht hast du ja schon mal davon gehört, dass manche Menschen in diesem Zusammenhang von ihrer »inneren Kritikerin« oder ihrem »inneren Kritiker« sprechen. Dieser Ausdruck geht manchen Jugendlichen in unserer Ambulanz nicht weit genug, da sie die Botschaften dieser inneren Stimme, die absolut und generalisierend über sie urteilt (z.B. »Du bist absolut hässlich«), deutlich strafender wahrnehmen. Deshalb sprechen sie von dem Diktator oder der Abwerterin. Im Folgenden werden wir, der Einfachheit halber, diesen Anteil den Inneren Kritiker nennen, du kannst aber selbstverständlich gerne die für dich passendere Bezeichnung alternativ verwenden.

Für den inneren Kritiker gibt es oft direkte »Modelle« aus deiner Körperbildgeschichte, z.B. einen sich über deinen Bauch oder deine fehlende Körperbehaarung amüsierenden Mitschüler oder Vater, eine strenge Ballettlehrerin oder einen überkritischen Trainer (zu Ausgrenzungserfahrungen und Hänseleien in Bezug auf deinen Körper siehe auch den Abschnitt »Welche Erfahrungen können verletzlich machen?«, Seite 51) oder auch Eltern, die selbst sehr kritisch mit dem eigenen Körper umgehen (zur übermäßigen Wichtigkeit von Aussehen siehe auch den Abschnitt »Wie entwickelt sich ein negatives Körperbild?«, Seite 44). Genauso kritisch und ablehnend wie diese Menschen dich behandelt haben, behandelst du dich nun selbst. Ihr Verhalten ist zu deinem Modell geworden.

Die Gefühls-Komponente bezieht sich auf deinen inneren »verletzlichen Anteil«, der verunsichert ist bezüglich deines Körpers oder Aussehens. Wenn man sich in diesem Zustand befindet, erlebt man meist sehr starke und intensive Gefühle. Die Umwelt und die Mitmenschen werden aus einer Perspektive wahrgenommen, die der eines Kindes ähnelt.
Man fühlt und benimmt sich sozusagen wie ein Kind. In diesen Momenten fällt es z.B. schwer, sich in andere Menschen hineinzuversetzen, da man so überwältigt ist von den eigenen Gefühlen. Alle Menschen – auch Erwachsene – haben so ein »inneres Kind« in sich, da in jeder Lebensgeschichte bestimmte Bedürfnisse in der Kindheit nicht ausreichend erfüllt wurden.

Es könnte sein, dass du dich in diesem verletzlichen Anteil sehr für deinen Körper schämst und ihn als minderwertig wahrnimmst, weil beispielsweise ein Lehrer vor der ganzen Klasse deine

Akne kommentiert hat. Das Gelächter deiner Mitschülerinnen und Mitschüler hast du möglicherweise als extrem demütigend empfunden. Oder du wurdest ausgeschlossen von Gleichaltrigen auf dem Spielplatz oder Pausenhof, weil deine Kleidung oder dein Haarschnitt nicht cool genug waren. Du hast dich bloßgestellt gefühlt und warst zutiefst beschämt. Wenn nun heute hinter dir jemand lacht, kann es passieren, dass direkt ein intensives Gefühl von Scham aufsteigt und du dich so fühlst wie damals in der Situation. Meist wird diese Gefühls-Komponente ausgelöst, wenn wir uns nicht sicher, zurückgewiesen oder alleinegelassen fühlen. Statt inneres Kind nennen viele Jugendliche diesen verletzlichen Anteil auch »die Kleine« bzw. »der Kleine« und verbinden das mit ihrem Vornamen.

Wenn nun der verletzliche Anteil, das innere Kind, aktiviert wird und auf den kritischen Anteil, den inneren Kritiker, trifft, ist diese Spannung meist nur schwer auszuhalten. Es gibt verschiedene Möglichkeiten, mit dieser schmerzhaften inneren Spannung umzugehen. Wir »rutschen« in Bewältigungsanteile, in denen wir bestimmte Kontroll- und Vermeidungsverhaltensweisen anwenden (siehe auch den vorherigen Abschnitt, »Wie zeigt sich Körperunzufriedenheit?«, Seite 25). Diese Bewältigungsanteile können einerseits – zumindest kurzfristig – die Scham und Unsicherheit bezüglich unseres Körpers abmildern und uns vor erneuten verletzenden Erfahrungen durch andere schützen. Andererseits verhindern sie, dass wir unsere Gefühle und die dahinterliegenden Bedürfnisse – unser inneres Kind – wahrnehmen und gut versorgen können. Meist führen die Bewältigungsanteile zudem zu schwerwiegenderen Problemen. Man unterscheidet zwischen drei Bewältigungsmustern: Überkompensation (»angreifen«), Vermeidung (»fliehen«) und Unterwerfung (»ergeben«) – vielleicht kennst du alle drei Formen der Bewältigung von dir, wendest aber vorwiegend nur eines dieser Bewältigungsmuster an.

Überkompensation → Hier verbirgst du deine Verletzlichkeit bzw. versuchst diese zu kontrollieren, indem du z.B. sehr selbstbewusst auftrittst, dich extrem modisch und sexy nach dem gängigen Schönheitsideal kleidest und durch dein Äußeres versuchst, dich in den Mittelpunkt zu stellen. Es könnte auch sein, dass du versuchst, über eine nahezu zwanghafte Planung deines Ernährungs-, Ess- und Bewegungsverhaltens, wie ständiges Kalorienzählen oder ein hartes Trainingsprogramm, deine Unsicherheiten unter Kontrolle zu bekommen. Auf Instagram hast du möglicherweise Fotos von dir hochgeladen, auf denen du perfekt inszeniert bist – du scheust dich auch nicht davor, Filter-Apps anzuwenden. Genauso können ständige Witze auf Kosten des eigenen Aussehens oder Gewichts vordergründig ein selbstsicheres, gelassenes Auftreten vermuten lassen. Dahinter kann sich jedoch auch eine überkompensierende Bewältigung der eigenen Körperunsicherheiten verbergen. In jedem Fall ist dir bei der Überkompensation deine Unzufriedenheit mit deinem Körper von außen wenig anzusehen, andere Menschen schätzen dich daher auch oft falsch ein.

Vermeidung → Wenn du dich zurückziehst, Treffen mit Freundinnen oder Freunden absagst, nicht in die Schule oder zu deinem Ausbildungsplatz gehst, weil du dich nicht attraktiv oder zu dick fühlst, spricht man von Vermeidung. Genauso kann eine vermeintliche Total-egal-Haltung hinsichtlich deines Körpers, bei der du nur dunkle weite Kleidungsstücke trägst, die deinen Körper komplett verhüllen, oder dein Aussehen und deine Körperpflege vernachlässigst, eine Strategie sein, sich mit deinem Körper nicht auseinanderzusetzen und alle Gefühle dazu zu vermeiden. Vielleicht vermeidest du es auch, gewisse Körperteile bei dir zu berühren oder anzuschauen, weswegen du dich womöglich nur in Spiegeln mit »gutem« Licht betrachtest und versuchst, den Blick in einen Ganzkörperspiegel zu umgehen. Auch haben Jugendliche schon berichtet, dass sie aus Angst vor Umarmungen und körperlicher Nähe keine Beziehung eingehen wollen. Sie möchten sich einem anderen Menschen nicht nackt zeigen, da sie sich bei der Vorstellung extrem unwohl fühlen und befürchten, abgelehnt oder erneut bloßgestellt zu werden. Kennst du solche Formen der Vermeidung auch von dir?

Unterwerfung → Hier verhältst du dich so, als sei deine innere kritische Stimme wahr, du fügst dich ihr. Du hältst deine Körpersorgen aus, ohne etwas zu verändern oder du trägst möglicherweise selbst dazu bei, dass erneut Situationen entstehen, in denen du verletzt oder kritisch beurteilt wirst. Es könnte z.B. sein, dass du dich und deinen Körper schlecht behandelst, ihn möglicherweise vernachlässigt (z.B. nicht isst, wenn du Hunger hast) oder bis zur Erschöpfung antreibst (z.B. trotz Krankheit ins Gym gehst und hart trainierst, ohne Rücksicht auf deine Gesundheit und Stimmung). Vielleicht kleidest du dich auch bewusst hässlich, weil du in deiner Wahrnehmung ja sowieso nicht schön aussiehst und demnach nicht genügst. Vielleicht suchst du auch die Nähe zu Menschen, die dich und deinen Körper erneut demütigend behandeln, z.B. eine Freundin oder einen Freund, die bzw. der ebenfalls sehr kritisch über deinen Körper spricht. Auch könnte es, wenn du ein Mädchen oder junge Frau bist, bei diesem Bewältigungsmuster vorkommen, dass du dich in gefährliche Situationen mit unbekannten Männern begibst, die deine körperlichen Grenzen überschreiten. Kommen dir Formen der Unterwerfung bekannt vor?

Es gibt in dir auch einen »weisen Anteil«. Das ist dein innerer Anteil – die junge Frau bzw. der junge Mann in dir, der Herausforderungen mit innerer Weisheit, einem realistischen Blick und Humor meistert, Lösungen findet und sich dafür Unterstützung und Austausch sucht. Einige Jugendliche nennen diesen Anteil auch »die Kompetente« oder »der Kompetente« oder sprechen von die oder der »Große« bzw. »Starke« in Verbindung mit ihrem Vornamen. Welchen Namen würdest du diesem inneren Anteil geben?

Selbst wenn du derzeit noch den Eindruck hast, dass dieser Anteil beim Thema Körperzufriedenheit (oder auch bei anderen Themen) für dich kaum vorhanden ist, kannst du dir sicher sein, dass die weise junge Frau bzw. der weise junge Mann in dir bereits für dich da ist, alleine deshalb, weil du dich mit deiner Haltung zu deinem Körper auseinandersetzt. Letztlich geht es in diesem Buch darum, deinen weisen Anteil so zu stärken, dass du gut dein inneres Kind versorgen und deinen inneren Kritiker in die Schranken weisen kannst. Dann musst du nicht mehr auf deine Bewältigungsanteile zurückgreifen, um dich kurzfristig zu schützen und kannst stattdessen deinem Körper freundschaftlich begegnen.

WIE IST DAS BEI DIR?

Kommen dir die Berichte der sechs Jugendlichen und die Beschreibungen der vier Komponenten des Körperbilds und der inneren Anteile bekannt vor? Wie bereits erwähnt, haben viele Menschen vermeintliche Problemzonen oder erhoffen sich, ein paar Kilos abzunehmen. Jedoch gibt es Anzeichen, die auf eine ausgeprägte Unzufriedenheit mit dem eigenen Körper hinweisen können. Wir möchten dich darin bestärken, deine Sorgen ernst zu nehmen. Sich selbst zu verstehen - genauso wie sich verstanden zu fühlen - und seine Gedanken und Gefühle benennen zu können, kann einen beruhigenden Effekt haben.

JETZT DU Nimm dir einen Moment Zeit und versuche, deine Gedanken ehrlich zu notieren, denke dabei an die letzten drei Monate:
Auf welche Körperteile oder Körperaspekte beziehen sich deine Sorgen? Welche typischen Gedanken über deinen Körper bzw. bestimmte Körperteile/-aspekte hast du? Welche Formen der beschriebenen Bewältigungsmuster – Überkompensation, Vermeidung und Unterwerfung – kennst du von dir? Welche Kontroll- oder Vermeidungsverhaltensweisen hast du schon ausgeübt? Zur Unterstützung kannst du in ÜBUNG 1 »So erlebe ich meinen Körper« im Downloadbereich zum Buch einen kurzen Fragebogen zur Körperunzufriedenheit ausfüllen.

WUSSTEST DU DAS? Auch wenn du dir zum jetzigen Zeitpunkt kaum vorstellen kannst, dass deine Körperunzufriedenheit schwächer wird, möchten wir dir sagen: Es ist möglich, deinen inneren kritischen Anteil zu zähmen und dir selbst mit mehr Wohlwollen zu begegnen. Insbesondere wenn du bereit bist, Strategien auszuprobieren, die dir dabei helfen können. Viele Studien und unsere klinische Praxis zeigen, dass Körperunzufriedenheit und auch Körperbildstörungen gut behandelbar sind und bewältigt werden können. Klar ist allerdings auch: Es geht nur über einen individuellen Weg, weil sich dein Körperbild ganz individuell entwickelt hat.

WANN WIRD AUS KÖRPERUNZUFRIEDENHEIT EINE ERKRANKUNG?

Untersuchungen zeigen, dass sehr viele Menschen unzufrieden mit ihrer Figur, ihrem Gewicht oder bestimmten Körperteilen sind. Die meisten Menschen lassen sich allerdings von ihren Sorgen um das Aussehen nicht im Alltag beeinträchtigen. Körperbezogene Sorgen und Unsicherheiten werden erst zu einer psychischen Erkrankung, wenn sie mit erheblichem Leiden und/oder ausgeprägten Beeinträchtigungen in verschiedenen Bereichen des Lebens einhergehen. Du kannst dir das folgendermaßen vorstellen: Alle Menschen sind zumindest für kurze Momente unzufrieden mit ihrem Aussehen, z.B. wenn sie einen schlechten Tag haben, nichts klappt und zudem die Haare nicht frisch gewaschen sind. Das Ausmaß der Körperunzufriedenheit ist veränderbar wie die Lautstärke der Musik am Regler eines DJ-Pults. Aus verschiedensten Gründen, über die wir ausführlich im nächsten Kapitel sprechen, sind manche Menschen über längere Zeit hinweg besonders unzufrieden mit ihrem Körper. Wenn das Ausmaß der Körperunzufriedenheit so groß ist, dass man sehr stark leidet und häufig über sein Aussehen nachgrübelt (mehr als eine Stunde am Tag), könnte es sein, dass eine Körperbildstörung vorliegt.

Zu den Beeinträchtigungen im Leben kann beispielsweise zählen, dass man viele Aktivitäten in der Freizeit, Schule oder im Rahmen der Familie aufgrund der Beschäftigung mit dem Aussehen ablehnt. So werden Verabredungen, bei denen man auf schlankere Mädchen oder muskulösere Jungs treffen könnte, abgesagt, hell erleuchtete Umkleidekabinen, Schwimmbad, Sauna oder gar Umarmungen, Sex oder Partnerschaften an sich vermieden. Kommen zu der ausgeprägten Körperunzufriedenheit noch weitere »Risikofaktoren« hinzu, kann sich eine Essstörung und/oder eine körperdysmorphe Störung entwickeln. So ist z.B. die Wahrscheinlichkeit, riskantes Essverhalten aufzuzeigen, fünffach erhöht bei Kindern und Jugendlichen zwischen 11 und 17 Jahren, die sich selbst als viel zu dick bzw. dünn wahrnahmen (Cohrdes u. a. 2019). Die Sorgen um die eigene Figur und das Gewicht sind bei Menschen mit Essstörungen weit größer als bei Menschen, die von Unzufriedenheit mit dem eigenen Körper berichten. Während junge Menschen ohne Essstörung auch ihre Freundschaften, Leistungen in der Schule oder ihr Können in anderen Bereichen, wie Freizeit und Hobbys (z.B. Theater spielen, sich um ein Haustier kümmern) heranziehen, um sich selbst zu bewerten, gelingt dies jungen Menschen mit Essstörungen deutlich schlechter oder gar nicht. Figur und Gewicht sind ausschlaggebend dafür, was sie von sich selbst halten.

Magersucht, Anorexia nervosa oder Anorexie → Typisch für eine Anorexie ist es, dass man wenig oder fast gar nichts isst, um seine Figur und/oder sein Gewicht zu verändern oder um zu vermeiden, viel zu viel zu essen. Hinzu kommt oft ein starker Bewegungsdrang, dem nachgegeben wird, um weiter Gewicht oder Schuldgefühle und Anspannung nach Mahlzeiten zu reduzieren. Diese Verhaltensweisen können zu einer starken Gewichtsabnahme bis hin zu Untergewicht führen.

Oftmals erlegen Jugendliche mit Anorexie sich selbst feste Essensregeln auf, z.B. erlauben sie sich nur eine bestimmte Kalorienzahl oder ausgewählte Nahrungsmittel zu essen (meist vor allem Gemüse und Obst). Alle anderen Nahrungsmittel gelten als »verboten«. Dadurch wird der Körper in einen Mangelzustand gebracht: Man ist ständig erschöpft und friert, die Haare fallen aus und die Stimmung verschlechtert sich drastisch. Viele Jugendliche erleben es zudem als belastend, dass sie viel Zeit damit verbringen, über Kalorien, das Essen an sich und die nächste Mahlzeit nachzudenken. Neuere Untersuchungen weisen darauf hin, dass sich Menschen mit Anorexie möglicherweise gar nicht so falsch in ihrem Körperumfang wahrnehmen, sondern ein stark verzerrtes Körperideal haben könnten. Sie erkennen zwar, dass sie sehr dünn sind, wünschen sich aber weiterhin, dass ihr Körper im starken Untergewicht liegt (Mölbert u. a. 2018).

Ess-Brech-Sucht, Bulimia nervosa oder Bulimie → Typisch für diese Essstörung sind Essanfälle, die mit dem Gefühl verbunden sind, die Kontrolle über das eigene Essverhalten zu verlieren. Viele Betroffene berichten von der Angst, nicht mehr mit dem Essen aufhören zu können, wenn sie einmal angefangen haben, oder dass sie, eben aus dieser Angst heraus, erst gar nicht mehr anfangen zu essen. Während eines sogenannten Essanfalls essen Jugendliche meist deutlich mehr oder anders als normalerweise, z.B. drei Brote dick bestrichen mit Nutella, eine Tafel Schokolade, zwei Eis und Essensreste vom Vortag oder so viele Nahrungsmittel wie sie sich mit dem Taschengeld leisten können oder zu Hause entwenden können, ohne dass es die Eltern bemerken.

Zudem wenden Jugendliche, die an einer Bulimie erkrankt sind, im Anschluss an einen Essanfall sogenannte »Gegenmaßnahmen« an, um zu verhindern, dass sie zunehmen. Klassischerweise bringen sich viele selbst zum Übergeben, benutzen Abführ- oder Entwässerungsmittel, fühlen sich »gezwungen« viel Sport zu treiben oder hungern möglichst lange nach einem Essanfall. Essanfälle und Gegenmaßnahmen können auch bei Anorexie auftreten, entscheidend bei deren Diagnosestellung ist jedoch das Untergewicht. Ebenso wie bei der Anorexie, berichten Jugendliche mit Bulimie von einer ausgeprägten Körperbildstörung. Sie nehmen den Umfang von verschiedenen Körperteilen, wie z.B. Bauch und Oberschenkel, oftmals verzerrt wahr. Sie schätzen sich weitaus dicker ein, als sie eigentlich sind.

Binge-Eating-Störung und weitere Essstörungen → Die Binge-Eating-Störung ist die am häufigsten verbreitete Essstörung, rund zwei Prozent aller Menschen erkranken irgendwann in ihrem Leben daran. Es treten die gleichen Essanfälle wie bei der Bulimie auf, allerdings werden keine Gegenmaßnahmen, wie Erbrechen, unternommen.

Bei der Beurteilung eines Essanfalls gilt es immer zu beachten, dass an besonderen Feiertagen wie Weihnachten, Geburtstagen und Schulfesten viele Menschen deutlich mehr essen als gewöhnlich. Bei Jugendlichen erfolgt ein Essanfall aber oft alleine im Kinderzimmer oder wenn die Eltern nicht da sind, und führt dazu, dass sie sich im Anschluss traurig, eklig oder schuldig fühlen. Viele Jugendliche mit einer Binge-Eating-Störung nehmen im Rahmen der Erkrankung an Gewicht zu und entwickeln Mehrgewicht. Gegenüber dem eigenen Körper wird oft eine sehr negative Haltung eingenommen, sodass der Anblick des eigenen Körpers im Spiegel oder eine Gewichtszunahme zu einer niedergeschlagenen Stimmung und weiteren Essanfällen führen können.

ONLINE TIPP Einen von Experten entwickelten Selbsttest zu Essstörungen findest du im Internet unter https://www.anad.de/essstoerungen/selbsttest/

Während Jugendliche mit einer Essstörung vor allem wegen ihres Körpergewichts und ihrer Figur insgesamt unzufrieden sind, sind Jugendliche mit einer körperdysmorphen Störung (KDS) meist unzufrieden mit spezifischen Körperteilen. Es ist jedoch auch gut möglich, von beiden Erkrankungen gleichzeitig betroffen zu sein.

Körperdysmorphe Störung (KDS) → Bei einer KDS befürchten Betroffene, dass sie aufgrund von »Makeln« an ihrem Körper von anderen Menschen als hässlich und entstellt beurteilt und daher abgelehnt werden. Diese vermeintlichen Makel werden jedoch von anderen Menschen gar nicht oder nur sehr unscheinbar wahrgenommen, was für die Betroffenen jedoch kaum zu glauben ist. Sorgen bestehen insbesondere wegen des Gesichtsbereichs (z.B. der Nase oder des gesamten Gesichts), wegen Unebenheiten der Haut, Körperbehaarung, des Pos, der Hände und Füße, der Brüste sowie der Haare. Bei Jungs sind es häufig Sorgen wegen ihrer Körpergröße, ihrer Statur sowie der Länge ihres Penis. Die betroffenen Jugendlichen denken sehr viel über ihre vermeintlichen Makel nach und beschäftigen sich mit zahlreichen Möglichkeiten, diese zu verstecken oder zu optimieren. Häufig werden Scham sowie starker Ekel, Ärger oder Hass gegenüber dem eigenen Körper empfunden. Viele Betroffene vermuten, dass ein Blick oder Lachen in ihre Richtung ein Beweis für ihr vermeintlich abstoßendes Aussehen ist. Es wird dann versucht, das eigene Aussehen zu kontrollieren, zu kaschieren oder zu manipulieren (z.B. durch exzessives Reinigen der Haut). Zudem werden häufig Situationen mit anderen Menschen gemieden oder nur mit viel Vorbereitung eingegangen. Es werden mehrere Make-up-Schichten aufgetragen, das Haus nur mit einer Sonnenbrille oder in einen Schal gehüllt verlassen.

Fitness- oder Muskelsucht oder Muskeldysmorphie → Die Muskelsucht ist eine Unterform der KDS, von der vorwiegend Jungs und Männer betroffen sind. Jugendliche mit einer Fitness- oder Muskelsucht haben die Sorge, dass ihre Körper nicht muskulös genug sind. Sie nehmen sich als zu dünn, zu schmächtig und zu wenig definiert wahr. Umfragen ergaben, dass ca. 20% der Männer, die ein Fitnessstudio besuchen, unter solchen Sorgen leiden. Mehrfach am Tag beschäftigen sich Betroffene mit diesem vermeintlichen Makel, indem sie ein zeitaufwendiges Gewichtheben durchführen, sich an strenge Diätpläne halten (z.B. sehr eiweißreich essen) und Supplemente und/oder anabole Steroide bzw. Anabolika (wie Dianabol, Clenbuteril) zum Muskelaufbau einnehmen. Zudem wird unentwegt der Muskelaufbau kritisch im Spiegel beäugt und die Muskeln werden wiederholt abgetastet oder gemessen. Der Alltag mit speziellen Trainings- und Ernährungsplänen ist meist streng getaktet, weswegen Familie, Freundeskreis und Schule stark vernachlässigt werden können. Werden Medikamente oder auch Drogen illegal zum Muskelaufbau oder der Leistungssteigerung eingenommen und falsch dosiert, können sich schwerwiegende körperliche Folgen ergeben: Unfruchtbarkeit, Bluthochdruck, Bildung von Blutgerinnseln, Lungenembolie, Thrombose und Schlaganfall sowie Herz-, Nieren- und Leberversagen.

ONLINE TIPP Einen Selbsttest zu KDS findest du unter https://kds-net.com/betroffeneundangehoerige.html#selbsttest. Zudem findest du bei YouTube ein Video der britischen Body-Dysmorphic-Disorder-Foundation, wenn du »You are not alone bdd« eingibst. Es zeigt, wie verzerrt Menschen mit KDS ihr Aussehen wahrnehmen.

Wenn du den Eindruck hast, von einer der beschriebenen psychischen Erkrankungen betroffen zu sein, lasse dich beraten und hole dir gegebenenfalls psychotherapeutische Unterstützung. Deine Kinderärztin, dein Kinderarzt oder aber auch deine Hausärztin und dein Hausarzt bieten sich als erste Ansprechpartner an. Wenn du bereits an einer Essstörung leidest, solltest du wissen, dass die Dauer deiner Erkrankung auch vom Ausmaß deiner Körperunzufriedenheit bzw. Körperbildstörung abhängen könnte (Junne u. a. 2018). Je mehr körperbezogene Sorgen du hast, desto stärker ausgeprägt ist womöglich auch deine Essstörung, und desto länger könnte es dauern, wieder gesund zu werden. Es lohnt sich also in jedem Fall, gezielt etwas dafür zu tun, eine wohlwollendere Haltung gegenüber deinem eigenen Körper aufzubauen. Entweder um dich davor zu schützen, eine psychische Erkrankung zu entwickeln oder aber um in deiner Behandlung voranzukommen.

Möglichkeiten professioneller Unterstützung findest du ab Seite 81, wichtige Internetseiten und Adressen am Ende des Buches.

NOCH MAL DAS WICHTIGSTE IN KÜRZE

- Du bist nicht alleine. Ziemlich viele Jugendliche und junge Erwachsene sind zumindest phasenweise unzufrieden mit ihrem Körper und kennen Unsicherheiten bezüglich ihrer Figur, ihres Gewichtes und/oder verschiedener Körperteile. Es ist eine wichtige Entwicklungsaufgabe eines jeden Menschen in der Pubertät, eine wohlwollende und akzeptierende Haltung gegenüber dem eigenen Körper aufzubauen.
- Zu den Schönheitsidealen unserer Gesellschaft gibt es auch inspirierende Gegenbewegungen (#bodydiversity, #bodypositivity und #bodyneutrality) und viele starke und weise Körperaktivistinnen und -aktivisten, die uns motivieren können, unsere Normen zu hinterfragen und unsere Körpervielfalt zu feiern.
- Unsere Unzufriedenheit mit unserem Körper drückt sich über die vier Komponenten Wahrnehmung, Gedanken, Gefühle und Verhalten aus. Insbesondere in dem Wunsch, schlanker oder muskulöser sein zu wollen, erkennt sich nahezu jeder junge Mensch wieder.
- Eine Körperbildstörung im Rahmen einer Essstörung oder körperdysmorphen Störung (KDS) geht über das normale Ausmaß an Körperunzufriedenheit hinaus. Gemeinsam mit anderen Risikofaktoren kann ein negatives Körperbild ein extrem ungesundes Ess- und/oder Fitnessverhalten auslösen. Genauso kannst du dich ständig dazu gezwungen fühlen, ungünstige Kontroll- und Vermeidungsverhaltensweisen auszuführen, um die vermeintlichen Makel am Körper zu kontrollieren oder zu kaschieren.

WOHER KOMMT DIE UNZUFRIEDENHEIT MIT DEM EIGENEN KÖRPER?

Der Weg zu einem negativen Körperbild gestaltet sich bei jedem Menschen anders, auch wenn es gemeinsame auslösende Faktoren geben kann. Zudem gibt es in der Regel viele Einflüsse, die zusammenwirken und dazu führen, dass ein Mensch unzufrieden ist oder unzufriedener wird mit seinem Körper. In diesem Kapitel erhältst du einen Überblick über das aktuelle Fachwissen in verständlicher Form.

WARUM SO VIELE JUNGE MENSCHEN UNZUFRIEDEN MIT IHREM KÖRPER SIND

Unser Körper verändert sich ständig, von Geburt an bis ins Alter, wenn das Haar ergraut und die Haut faltiger, zarter wird und der Rücken sich krümmt. Mit diesen körperlichen Veränderungen im Verlaufe des Lebens sind wir immer wieder dazu aufgefordert, uns neu anzunehmen. Die Selbstakzeptanz bezüglich unseres Körpers bleibt also eine Aufgabe, die uns unser ganzes Leben lang begleitet. Insbesondere in der Pubertät bemerken wir die größten und schnellsten Veränderungen an unseren Körpern. Wachstums- und Sexualhormone verwandeln den kindlichen Körper in einen ausgewachsenen Körper. Die Geschlechtsreife, bei Mädchen die erste Regelblutung (Menarche) und bei Jungen der erste Samenerguss (Ejakularche) soll nach Abschluss erreicht werden. Mit der Geschlechtsreife ist es möglich, sich fortzupflanzen, d.h. Kinder zu bekommen.

Wie verändert sich der Körper in der Pubertät?

Bereits in der Zeit kurz vor Pubertätsbeginn wird der Körper etwas fülliger, sodass die Pubertät überhaupt beginnen kann. Wichtig dabei: Nur wenn dein Körper genug Energiereserven, d.h. Fettzellen hat, kann er in die Pubertät kommen und fortpflanzungsfähig werden. Dein Körper braucht in dieser besonderen Phase besonders viele Nährstoffe über regelmäßige und ausgewogene Mahlzeiten, damit die zahlreichen hormonellen Umbauvorgänge ablaufen können. Den Beginn der Pubertät merkst du meist daran, dass du in die Länge wächst. Dadurch verändert sich deine Körpergröße, aber auch die Proportionen des Körpers verschieben sich. Herausfordernd dabei ist: Nicht immer wachsen alle Körperteile gleichzeitig.

Unterschiede zwischen Mädchen und Jungen

Bei Mädchen kommt es zunächst zu einer Zunahme an Fettgewebe – die weiblichen Körperformen, wie die Brüste und eine breitere Hüfte im Verhältnis zur Taille, werden sichtbar. Das liegt daran, dass der Körper vermehrt das weibliche Geschlechtshormon Östrogen ausschüttet – zwar trifft das auch auf die Jungen zu, allerdings in einem geringeren Maße. Dieses

Hormon ist unter anderen dafür verantwortlich, dass Mädchen kurviger werden. Mädchen bauen insbesondere an Becken und Oberschenkeln Fettgewebe auf, wohingegen Jungen eher an Bauch und Oberkörper Fett ansetzen. Viele Mädchen berichten, dass sich ihr Körper viel weicher anfühlt, sie können sich für eine bestimmte Zeit als »schwabbelig« erleben. Bei den Jungen hingegen kommt es zu einem stärkeren Zuwachs von Muskelmasse. Generell können Jungen aufgrund ihres höheren Testosteronspiegels leichter Muskeln aufbauen.

Jeder Körper ist einzigartig

Zu diesen geschlechtstypischen Besonderheiten kommt hinzu, dass jeder Körper in der Pubertät sehr individuell wächst und sich verändert. Bei manchen Mädchen entwickelt sich ein weiblicher Körper schon mit acht Jahren, bei anderen ist der Körper noch mit 14 Jahren kindlich. Bei manchen wachsen die Brüste eher klein und muskulös, bei anderen rund und voluminös, bei wiederum anderen schmal und länglich. Auch Vulven nehmen ganz verschiedene Größen und Formen an. Manche Jungen bekommen starke Akne, andere eine starke Körperbehaarung an verschiedenen Körperstellen oder buschige Augenbrauen. Wiederum andere schießen extrem in die Höhe, wirken schlaksig, und der ersehnte Zugewinn an Muskeln bleibt aus. Im Stimmbruch wird bei manchen die Stimme krächzend und brüchig, bei anderen nicht. Manche haben wiederum viele Schamhaare, andere wenige. Bei manchen wird der Penis groß, bei manchen bleibt er eher klein, bei anderen wiederum ist er nach links oder rechts geneigt oder gekrümmt. Niemand hat einen Körper so wie deinen, jeder hat seinen Körper – und jeder Körper ist ein guter Körper.

WUSSTEST DU DAS? Während Jugendliche immer früher ihre Geschlechtsreife erreichen (Mädchen mit 11 bis 15 Jahren, Jungen etwas später mit 13 bis 16 Jahren), also jünger biologisch erwachsen werden, erreichen sie den Status des Erwachsenseins (was bedeutet eine eigene Familie zu gründen, finanziell unabhängig von den Eltern zu sein) immer später. Es lässt sich daher auch sehr gut nachvollziehen, sollte dich dein »erwachsener« Körper erst mal überfordern.

Fakt ist: Die ganz persönliche Veränderung des eigenen Körpers ist eine riesige Herausforderung für jeden jungen Menschen. Viele Jugendliche fühlen sich verständlicherweise in ihrem veränderten Körper verunsichert und müssen sich zunächst einmal an die neuen Formen gewöhnen. Mädchen mit einer früheren Pubertätsentwicklung, die z.B. bereits Brüste im Alter von 9 Jahren bekommen, während ihre Schulfreundinnen noch sehr kindlich aussehen, können sich oftmals gar nicht über ihre kurvigen Formen freuen. Im Gegenteil, der eigene Körper wird dann abgelehnt, weil er anders aussieht als die Körper der meisten Mädchen in der Klasse. Auch wenn bei dir der Eindruck entsteht, dir entgleitet dein Körper, vertraue der Biologie: Es gibt einen biologischen Plan. Gib dir Zeit, und mache dir immer wieder klar, dass die Veränderungen deines Körpers ganz normale Veränderungsprozesse in der Pubertät sind. Es ist absolut okay, dass du zunimmst und deine Körperteile unterschiedlich stark wachsen. Sind die pubertären Umbauprozesse deines Körpers abgeschlossen, werden weniger Hormone ausgeschüttet, und deine Körperproportionen werden wieder harmonischer, deine Haut wird ebenmäßiger und die Stimme tiefer klingen.

WIE ENTWICKELT SICH EIN NEGATIVES KÖRPERBILD?

Wir wollen uns nun zunächst mit Einflussfaktoren auseinandersetzen, die das Risiko erhöhen, dass ein negatives Körperbild entstehen kann. Damit diese Risikofaktoren dann auch wirklich zu einer umfassenden Körperunzufriedenheit führen, müssen einige davon zusammenkommen, und die vier Komponenten des Körperbildes müssen dann auch eng zusammenwirken, um die Unzufriedenheit aufrechtzuerhalten. Aber fangen wir an mit der Erklärung möglicher Einflussfaktoren, die sich auch durch bestimmte Erfahrungen in deiner Lebensgeschichte entwickelt haben können. Vielleicht ahnst du auch schon, woher deine Unzufriedenheit mit dem Körper kommen könnte. Der ein oder andere Einflussfaktor ist dir bestimmt bewusst. Lass dich dabei nicht verwirren: Ein negatives Körperbild kann ganz unterschiedliche Ursachen haben. Jeder Mensch hat seine ganz eigene Körperbild-Geschichte.

Übermäßige Wichtigkeit von Aussehen, Figur und/oder Körpergewicht →
Unterschiedliche Erfahrungen können dazu führen, dass gutes Aussehen möglicherweise extrem wichtig oder gar das Wichtigste in deinem Leben ist. Möglicherweise hat Aussehen oder der äußere Eindruck schon immer eine wichtige Rolle in deiner Familie gespielt. Du hast beispielsweise bereits früh mitbekommen, dass sich

deine Eltern oder Verwandte negativ über ihr eigenes Äußeres oder Körpergewicht äußern oder dich vor möglichen Gefahren für deinen Körper oder dein Aussehen warnen. Ebenso hast du vielleicht beobachtet, wie sie versuchen, ihren Körper zu verstecken (z.B. sich beschämt zeigen, wenn du einen Blick auf ihren Körper erhaschst) oder zu kaschieren (z.B. starkes Make-up tragen). Genauso kann es sein, dass ein Elternteil bereits viele Diäten ausprobiert hat oder ständig das Essverhalten in eurer Familie und auch bei Festen kommentiert (z.B. nach dem Nachtisch sagt: »Oje, jetzt rollen wir aber alle – das muss sofort wieder abtrainiert werden«). Wenn in deiner Familie Aussehen oder Auftreten als übermäßig wichtig angesehen wird, kann dies mit dem individuellen Körperbild oder bestehenden »Familienregeln« zu tun haben. Hinzu kommt, dass die Gesellschaft, in der deine Eltern aufgewachsen sind, noch deutlich patriarchalischer geprägt war – in den meisten Beziehungen »dominierte« der Mann und hatte die Frau »gut« auszusehen.

> **Mika, 16,** »In meiner Familie ist Sportlichkeit extrem wichtig, mein Vater macht auch Kraftsport und klettert, am Wochenende machen wir immer irgendetwas Aktives, und generell achten alle in der Familie sehr auf ein athletisches Äußeres. Wahrscheinlich hat mich das schon geprägt. Ich erinnere mich an Lob und Rückmeldung, wenn ich viel Sport gemacht habe. Ich war auch stolz auf meine Sportlichkeit – ich dachte dann, dass ich disziplinierter bin als andere, ich einen wirklich starken Willen habe. Beeinflusst haben mich auch die Warnungen meiner Großeltern mütterlicherseits, da wurde am Tisch immer gesagt, ›Pass nur auf, was du isst, sonst rollst du gleich die Straße runter‹ oder ›Wenn wir Kuchen essen, müssen wir heute unbedingt noch eine Extrarunde Sport machen‹.«

> **Paul, 14,** »Bereits als Kind war mein Gewicht ein Thema, ich musste auch mal auf so eine Abnehmkur, da habe ich meine Eltern so vermisst, und es war einfach nur schrecklich und hat dazu geführt, dass ich erst recht gegessen habe – heimlich natürlich – und mich dann geschämt habe für das Essen, aber auch für meinen Körper. Wir sind alle etwas dicker in der Familie und immer geht es ums Abnehmen bei uns, nur, so richtig kommen wir nicht voran bei diesem Thema. Meine Mutter kocht gerne, und alle essen immer viel. Ich glaube, ich weiß gar nicht, wie gesundes Essen geht.«

Wenn für dich nun ebenfalls das Aussehen sehr wichtig ist, werden dich Körpermerkmale, die in Aussehen oder Symmetrie von der vermeintlichen Norm leicht abweichen – obwohl jeder Mensch leichte Abweichungen hat – stark verunsichern. Dann können dich eine leicht nach unten gebogene Nase, zwei unterschiedlich große Brüste, überhaupt große oder sehr kleine Brüste oder sehr viele Muttermale stark verunsichern.

Genauso wirst du dann stärker besorgt sein, wenn dein Körper Narben z.B. aufgrund einer operierten Lippen-Kiefer-Gaumenspalte oder nach einem Unfall aufweist. Dich könnten dann auch die körperlichen Veränderungen deines Körpers im Rahmen der Pubertät deutlich stärker belasten, wie z.B. Akne oder ein geringer Muskelaufbau wie am Anfang des Kapitels beschrieben. Wenn dir schlank zu sein übermäßig wichtig ist, kann dich ein höheres Körpergewicht oder bereits eine leichte Gewichtszunahme extrem verunsichern. Deine vermeintliche Abweichung von deinem Ideal ist für andere Menschen meist nicht, oder wenn doch, dann nur in einem deutlich geringeren Maße, als von dir vermutet, erkennbar.

BMI, BMI-Perzentile – und was ist eigentlich ein »normales« Gewicht?

Eine Möglichkeit, das Gewicht im Verhältnis zu deiner Körpergröße zu beurteilen, besteht darin, den Body Mass Index (BMI) zu berechnen: Hierfür musst du dein Körpergewicht durch deine Körpergröße hoch 2 teilen (BMI in kg/m2 = Gewicht/Länge2). Angesichts der bereits beschriebenen Umbauprozesse deines Körpers in der Pubertät ist es allerdings genauer, wenn du dein Gewicht und deine Körperlänge im Verhältnis zu den Maßen von Gleichaltrigen deines Geschlechts setzt. Diese sogenannten Referenzmaße wurden in verschiedenen Studien an vielen Jugendlichen erhoben und liegen dem BMI-Perzentil zugrunde. Zur Berechnung des BMI-Perzentils kannst du den Kinderarztrechner auf der Webseite https://pedz.de/de/bmi.html verwenden (unter Optionen »KiGGS-Daten bevorzugen« auswählen, aus einer Studie des Robert Koch-Institutes). Wenn du z.B. ein BMI-Perzentil von 70 hast, bedeutet das, dass 70% der Jugendlichen deines Geschlechts und Alters das gleiche Gewicht haben wie du oder ein geringeres. Wenn du ein BMI-Perzentil von 50 hast, bedeutet das, dass 50%, also die Hälfte der Jugendlichen deines Geschlechts und Alters, gleich viel oder weniger wiegt als du.

Die Weltgesundheitsorganisation (WHO) hat folgende Grenzwerte festgelegt:

Untergewicht:
BMI < 18,5 kg/m2 // < 10. BMI-Perzentil

»Normales« Gewicht:
18,5 kg/m2 ≤ BMI < 25,0 kg/m2 // 10. - 90. BMI-Perzentil

Mehrgewicht:
BMI ≥ 25,0 kg/m2 // > 90. BMI-Perzentil

Merke dir dabei: Es gibt zu Recht sehr viel Kritik am BMI und BMI-Perzentil, da diese Maße nicht die individuellen Stoffwechselvorgänge deines Körpers und die unterschiedliche Körperkonstitution der Menschen berücksichtigen. Auch bei hoher Muskelmasse kann der BMI ungenauer werden, da Muskeln schwerer sind als Fett. Wenn du z.B. viel trainieren gehst, könntest du laut BMI mehrgewichtig sein, obwohl du es gar nicht bist. Daher ist der BMI zwar als eine gute Orientierung anzusehen, er sagt allerdings nicht direkt etwas über deine Gesundheit aus. Nichtsdestotrotz solltest du dir bei plötzlichen Gewichtsveränderungen immer eine medizinische Abklärung bei deiner Kinderärztin oder deinem Kinderarzt bzw. deiner Hausärztin oder deinem Hausarzt einholen, da auch Erkrankungen die Ursache sein können.

Mein BMI oder BMI-Perzentil liegt im mehrgewichtigen Bereich – was nun?

Gründe für eine Gewichtszunahme sind vielfältig und oftmals sehr natürlich, z.B. aufgrund der beschriebenen körperlichen Umbauprozesse während der Pubertät oder aufgrund veränderter Essgewohnheiten im Rahmen eines Auslandsschuljahrs. Es gibt allerdings auch körperliche Erkrankungen (z.B. an der Schilddrüse) und psychische Erkrankungen (wie z.B. die Binge-Eating-Störung oder erhöhter Appetit als ein Symptom von Depression), die zu einem Mehrgewicht führen. Diese Erkrankungen sind gut zu behandeln, daher solltest du dich bei Unklarheiten immer ärztlich beraten lassen.

Darüber hinaus kann es auch sein, dass dir dein Mehrgewicht vererbt wurde (ca. 40-60% des Körpergewichts sind genetisch bedingt). Meist liegt das Körpergewicht der mit dir verwandten Familienangehörigen deines Geschlechts in einem vergleichbaren Bereich. Das kann z.B. der Fall sein, wenn dein Grundumsatz tendenziell langsamer arbeitet, d.h. du besonders wenig Kalorien verbrauchst, um im Ruhezustand zu »funktionieren«, du besonders viel Appetit hast oder dein Sättigungsgefühl verzögert einsetzt. Mehrgewicht ist genauso schön wie ein anderes Körpergewicht. Es gibt auch *keinen* Zusammenhang zwischen Mehrgewicht und bestimmten Eigenschaften (wie z.B. Faulheit).

Leider haben nicht alle Menschen diese Einstellung, da sie das in der Gesellschaft herrschende und in den Medien beworbene Schlankheitsideal stark verinnerlicht haben. Deshalb erleben viele Jugendliche ein Mehrgewicht als sehr belastend. Wenn das bei dir so ist, darfst du natürlich darüber traurig und wütend sein. In diesem Fall bist du stärker als andere gefordert, dich mit deinem Körperbild auseinanderzusetzen und zu lernen, liebevoll mit deinem Körper und dem höheren Gewicht umzugehen. Wenn du persönlich weiterhin mit deinem Körpergewicht unzufrieden bist oder sich mit dem höheren Gewicht Schmerzen oder weitere Erkrankungen ergeben, wie z.B. Gelenkschmerzen, Typ-2-Diabetes oder Bluthochdruck, kannst bzw. solltest du auf einem gesunden Weg abnehmen. Es gibt allerdings keinen ästhetischen Grund, abzunehmen. Um ein niedrigeres Gewicht dauerhaft aufrechterhalten zu können, ist der Aufbau eines gesunden Ess- und Bewegungsverhaltens entscheidend (siehe dazu auch »Tue deinem Körper viel Gutes«, Seite 127). Hole dir dafür Unterstützung von einer Fachperson, z.B. einer Ernährungsberaterin oder einem Ernährungsberater (siehe dazu Seite 81), damit du nicht in eine Diät mit ungünstigen Folgen abrutschst. Und nochmals, weil es viel zu selten gesagt wird: Ein Mehrgewicht ist genauso schön wie ein anderes Körpergewicht!

Mein BMI oder BMI-Perzentil liegt im niedrigen Bereich – was nun? Auch für ein Untergewicht gibt es sehr viele nachvollziehbare Gründe. So können natürliche Umbauprozesse der Pubertät (z.B. du wächst zunächst sehr stark in die Länge), aber auch körperliche Erkrankungen der Schilddrüse oder des Magen-Darm-Trakts für eine plötzliche Gewichtsabnahme verantwortlich sein. Ebenso gibt es psychische Erkrankungen, die eine Erklärung für ein niedriges Gewicht bieten können, wenn z.B. dein Appetit abnimmt im Rahmen einer Depression oder du Amphetamine missbräuchlich einnimmst. Bei sehr wenigen gesunden Menschen finden wir zudem ein vererbtes natürliches Untergewicht. Sei ehrlich zu dir und schaue dir noch einmal die Beschreibungen der Anorexie und Bulimie an (Seite 34). Wenn du den Eindruck hast, dass eine Essstörung mit einem Wunsch der Gewichtsabnahme auf dich zutreffen könnte, hole dir therapeutische Unterstützung oder auch eine anonyme Telefonberatung in einem ersten Schritt (siehe Seite 81). Je früher du Unterstützung suchst, desto besser kann dir geholfen werden.

Orientierung an einem einseitigen Schönheitsideal → Wie bereits beschrieben, ist das derzeitige Schönheitsideal weiterhin sehr einseitig und bezieht sich darauf, eine schlanke und/oder fitte Figur und/oder Muskeln zu haben oder aber ein perfektes Gesicht. In den Medien wird oftmals vermittelt, dass nur schön ist, wer diesen festgelegten Vorstellungen entspricht. Wenn du dich sehr stark an diesem Ideal orientierst und keine diversen Körperbilder zulässt, die außerhalb des Mainstreams existieren, macht dich das anfällig für eine Unzufriedenheit mit dem eigenen Körper. Problematisch ist nämlich, dass das permanent auf Instagram, TikTok und

YouTube präsentierte Schönheitsideal darüber hinwegtäuscht, dass eigentlich nur extrem wenige Menschen die physischen Voraussetzungen für diese vermeintlich perfekten Körpermaße haben.

Hinzu kommt, dass die in den Medien dargestellten Bilder stark retuschiert sind und oftmals nicht die Realität abbilden. Neben dem Einfluss der sozialen Medien können auch bestimmte Hobbys, Sportarten oder Schülerjobs einen ungünstigen Einfluss auf deine Körperzufriedenheit haben. Konkret: Wenn du dich in einem Umfeld bewegst, in dem ein bestimmter Körper vorausgesetzt wird (z.B. beim Modeln oder Bodybuilding), oder dein Körper für den Erfolg im Sport mitverantwortlich ist (z.B. beim Ballett oder Eiskunstlauf), kann dies Körperunzufriedenheit fördern.

> **Amira, 17,** »Ich habe mich auch mal im Ballett versucht – so richtig zugehörig habe ich mich aber nicht gefühlt bei den dünnen Mädels. Hip-Hop wurde dann immer mehr meins. Aber auch da muss man sexy sein – die ganzen Hip-Hop-Mädels haben diese coole Sanduhrfigur, da konnte ich mich viel mehr identifizieren mit meinen Rundungen. Ich könnte mir auch stundenlang »The Kardashians« reinziehen. Kylies Beauty-Filter fand ich eine Zeit lang mega und habe verschiedene Styles probiert und auch gepostet. Als mir dann bei einem Date in Real Life mal rückgemeldet wurde, dass ich nicht wiederzuerkennen wäre, war ich geschockt. Mir wurde zum ersten Mal bewusst, dass ich mich schon sehr vom Schönheitsideal beeinflussen lasse.«

> **Kasim, 18,** »Ich finde es gut, dass in den sozialen Medien auch vereinzelt Jungs cool sind, die nicht das klassische Schönheitsideal vertreten, wie z.B. Rezo oder Julien Bam. Wenn ich aber durch meinen Feed scrolle, sehe ich schon viele Modeltypen oder so Fitnesstypen, die Tipps zum Muskelaufbau geben. Natürlich haben die meisten eine helle Hautfarbe. Einerseits bin ich fasziniert von ihren Accounts, andererseits wird mir dann auch immer bewusst, so ist mein Körper nicht und so wird er auch niemals sein. Aber ja, ich orientiere mich dennoch an diesem Ideal.«

JETZT DU Halte einmal inne und überlege dir, was du selbst an anderen und an dir als schön empfindest und was nicht. Von welchen Menschen in den sozialen Medien lässt du dich inspirieren? Welche Ideale verkörpern sie? Lässt du dich von ihnen beeinflussen und, wenn ja, wie? Im Downloadbereich zum Buch findest du ÜBUNG 2, »Influencing Beauty: Was ist für mich schön?«, die dich bei deinen Überlegungen unterstützen kann.

ONLINE TIPP Auf YouTube findest du drei Kurzfilme des Dove Projekts für mehr Selbstwertgefühl, wenn du »Dove Reverse Selfie«, »Dove Selfie« und »Dove Evolution« eingibst. Sie zeigen auf, mit welchen Maßnahmen (wie Kameraeinstellung, Körperposition, Make-up, Bearbeitungsfilter) Insta-Aufnahmen und Modelbilder verzerrt werden können.

Vergleiche mit anderen Menschen bezüglich des Aussehens → In den sozialen Medien kannst du dich ständig mit anderen Menschen vergleichen. Aber auch offline im Freundeskreis, in der Schule und in der Nachbarschaft gibt es zahlreiche Vergleichsmöglichkeiten. In einem gesunden Maße sind Vergleiche sogar sinnvoll, um für sich selbst herauszufinden, wie man aussieht und welche Aspekte des Aussehens und des Kleidungsstils man von anderen übernehmen möchte. So kann sich nach und nach das ganz individuelle Körperbild formen (siehe das letzte Kapitel). Ungünstig sind jedoch Vergleiche, die nur auf die Körperaspekte ausgerichtet sind, die du bei dir selbst als dick, hässlich oder sogar entstellt bewertest. Die durch zahlreiche Beauty-Filter optimierten und dadurch besonders attraktiven Darstellungen von Körpern auf Instagram und Co. bieten zudem keinen fairen Vergleich. Wenn man sich ständig mit vermeintlich attraktiveren Personen vergleicht, verschlechtert sich die Stimmung, und die Unzufriedenheit mit dem eigenen Körper nimmt zu (Brown & Tiggemann 2016).

> **Laura, 16,** »In der weiterführenden Schule bin ich in eine neue Klasse gekommen, in der Aussehen und die neusten Modetrends sehr wichtig waren. Um dazuzugehören, habe ich angefangen mich mit diesem Thema zu beschäftigen. Wir haben in der Pause über Diäten gesprochen, wir haben kleine Body Challenges gemacht, z.B. wer es schafft, zwei Kilo innerhalb von zwei Wochen abzunehmen. Unsere Abnehmerfolge haben wir miteinander verglichen und gefeiert. Wir waren da ein eingeschworenes cooles Team, die anderen aus der Klasse konnten nicht mitreden. Als eine meiner Freundin erzählt hat, dass sie nun, um abzunehmen, versucht, sich nach jeder Mahlzeit zu übergeben, war ich fasziniert und schockiert zugleich. Ich habe es dann auch mal ausprobiert, aber mir auch gesagt, Laura, jetzt musst du aufpassen, sonst rutschst du ganz schnell in eine Essstörung.«

Weitere unspezifische Einflussfaktoren → Ein *geringer Selbstwert*, d.h. wenn du dir selbst einen geringen Wert beimisst bzw. von dir selbst als Person nur wenig hältst, kann dich das anfälliger für Körperunzufriedenheit machen. Hintergrund für die Entstehung eines geringen Selbstwerts sind sehr schmerzhafte Erlebnisse, bei denen dir vermittelt worden ist, dass du nicht (ausreichend) liebenswert bist. Vielleicht hat dir dies auch jemand ganz konkret gesagt. Genauso kannst du in deiner Familie oder im Freundeskreis erfahren haben, dass du nur gemocht wirst oder »dazugehörst«, wenn du bestimmte Bedingungen erfüllst (z.B. du schlank bist oder gute Noten hast).

Hohe Anforderungen an dich selbst (und möglicherweise auch an andere), auch *Perfektionismus* genannt, können ebenfalls dazu beitragen, dass du dir ein perfektes Aussehen wünschst. Und daran scheiterst, weil es nicht zu erreichen ist. Möglicherweise haben deine Eltern selbst hohe Anforderungen an sich und haben diese unbewusste Familienregel an dich weitergegeben. Oder aber sie verlangen sehr viel von dir. Es kann sein, dass du dadurch gelernt hast, dass man nur für eine perfekte Leistung gelobt und anerkannt wird. Wenn du diese perfektionistische Haltung auf dein Aussehen übertragen hast, wirst du versuchen, deinen Körper zu optimieren.

Daneben gilt: Wenn du in Beziehungen schnell verunsichert bist und eine übermäßige *Ängstlichkeit vor Zurückweisung* hast, wirst du auch eher den negativen Aussagen anderer Personen über deinen Körper glauben und diese übernehmen.

WELCHE ERFAHRUNGEN KÖNNEN VERLETZLICH MACHEN?

Für die gerade beschriebenen Einflussfaktoren können bestimmte belastende Lebensereignisse bezüglich deines Körpers verantwortlich sein. Diese Erfahrungen können dich verletzlich, d.h. anfällig oder vulnerabel für die Entwicklung von Körperunzufriedenheit machen. Hier findest du jetzt eine Zusammenfassung der wichtigsten lebensgeschichtlichen Erfahrungen, die bei der Entstehung eines negativen Körperbilds eine Rolle spielen können.

ACHTUNG: Der folgende Abschnitt enthält potenziell triggernde Inhalte, wie die Erläuterung zu missbräuchlichen und anderen grenzüberschreitenden Erfahrungen – bitte sorge gut für dich und prüfe, ob du diesen Inhalt zum jetzigen Zeitpunkt lesen möchtest.

Ausgrenzungserfahrungen und Hänseleien in Bezug auf den Körper → Ausgrenzungserfahrungen können Erlebnisse sein, bei denen du von einer Gruppe wegen deines Äußeren belächelt, verurteilt und ausgeschlossen wirst. Hänseleien können auch nur von einer Person aus deinem Freundes-, Familien- oder Lehrerkreis erfolgen und auch direkt von deinen Eltern. Du kannst auch die Erfahrung machen, dass du wegen deines Körpergewichtes oder eines anderen Körperaspektes benachteiligt oder gedemütigt wirst, z.B. keinen Schülerjob erhältst oder nicht in der Theatergruppe mitspielen darfst. Du hast dabei möglicherweise direkte Kommentare zu deinem Aussehen (»Mit deinem Gesicht kannst du keinen Pony tragen«), zu gewissen Körperteilen (»Deine Beine sehen ja aus wie Kartoffelstampfer« oder »Dein Po lässt zu wünschen übrig, da musst du echt was machen«) oder zu deinem Körpergewicht (»Du bist viel zu dick, ein Minirock kannst du niemals tragen«) erhalten.

Die häufigsten Diskriminierungen aufgrund von Äußerlichkeiten erfolgen aus rassistischen und sexistischen Beweggründen und beziehen sich auf den Körperumfang, die Körperform und das Körpergewicht (»Sizeismus«), den Hautton (»Colorismus«) und auf Behinderungen (»Ableismus«). Vielleicht hast du auch schon erlebt, dass dir aufgrund einer bestimmten Äußerlichkeit bestimmte Charaktereigenschaften zugeschrieben werden, was man Stigmatisierung nennt. Bei einem bestehenden Mehrgewicht ist dir möglicherweise bereits geraten worden abzunehmen: »Du isst einfach zu viel, bist undiszipliniert – du musst abnehmen.« Selbst Ärztinnen und Ärzten oder Therapeutinnen und Therapeuten können solche Bemerkungen herausrutschen, da leider noch viel Unwissenheit und Vorurteile bezüglich des Körpergewichtes bestehen.

Ob du diese Kommentare nur einmal oder mehrfach gehört hast, spielt keine Rolle. Auch ein einmal geäußerter Kommentar kann dir nachhaltig in Erinnerung bleiben, z.B. wenn dich deine Ballettlehrerin vor allen anderen aus deiner Tanzgruppe auf deine Gewichtszunahme angesprochen hat und du dich dafür stark geschämt hast (»Du hast aber ganz schön zugelegt über Weihnachten, du Specki«). Solche Kommentare sind extrem verletzend und dürfen nicht passieren. Menschen, die solche Kommentare äußern, sind meist selbst gefangen im Schönheitsideal unserer Gesellschaft und oftmals selbst sehr unzufrieden mit ihrem eigenen Körper.

Möglicherweise hast du durch solche Erfahrungen gelernt, dass ein attraktives Aussehen entscheidend ist, um von anderen Menschen gemocht zu werden. Schnell wird das dann verallgemeinert: »Um liebenswert zu sein, muss man gut aussehen.« Vielleicht denkst du, dass deine Eltern oder Freundinnen bzw. Freunde dich mehr lieben würden, wenn du attraktiver wärst. Oder du denkst, dass du eine Partnerin oder einen Partner hättest, wenn du besser aussehen würdest.

> **Marisa, 18,** »Ich erinnere mich an Situationen auf dem Pausenhof, als hinter meinem Rücken über mich gelacht wurde. Eine Klassenfahrt habe ich sogar schon mal abgebrochen, als mir ein Junge ›Du fette Sau‹ an die Zimmertür ge-

schrieben hat. Das Schlimmste war eigentlich, dass keine meiner vermeintlichen ›Freundinnen‹ etwas dazu gesagt hat, obwohl alle gesehen haben, wie verletzt ich war. Danach habe ich zu Hause nur geweint, mich eklig in meinem Körper gefühlt und wollte nie wieder in die Schule gehen. Mithilfe einer Schulpsychologin ist es mir gelungen, meine Angst zu überwinden und wieder in diese Klasse zu gehen. Das war aber heftig und begleitet mich noch immer.«

Kasim, 18, »Besonders peinlich finde ich es, wenn ich im Sportunterricht mal wieder als Letzter in ein Team gewählt werde. Alle lachen schon, wenn ich dann endlich aufgerufen werde. Ich bin einfach unsportlich und habe wenig Kraft – klar will man mich nicht im Team beim Basketball- oder Fußballspielen dabeihaben. In der Umkleidekabine kassiere ich auch immer wieder Sprüche über meine dünnen Beine und Waden. Zumindest sind sie behaart, das wäre ja sonst noch schlimmer. Mir ist es auch schon mehrfach passiert, dass mich jemand angesprochen hat, ob er mal meine Haare anfassen kann – aus dem Nichts, geht's noch?! Echt sick!«

Bodyshaming und Cybermobbing in den sozialen Medien → Bodyshaming bedeutet, dass Menschen auf ihren Körper reduziert und dafür verurteilt werden. In den sozialen Medien sind damit spitze, böswillige Kommentare oder sogenannte Hass-Kommentare gemeint, die unter Fotos oder Videos gepostet werden und absichtlich beleidigen, bloßstellen oder gar bedrohen, z.B. »Wie kannst du so rausgehen? Du siehst schlimm aus, geh mal zum Faltenbügler«. 22% der Schülerinnen und Schüler wurden schon mindestens einmal für ihr Aussehen oder aufgrund ihres Körpers in den sozialen Medien auf verletzende Weise aufgezogen (Bündnis gegen Cybermobbing e.V. 2022). Jugendliche in unserer Ambulanz berichten von sehr belastenden Erlebnissen, die sie nachhaltig in ihrem Körperbild geprägt haben. Besonders verletzend ist, wenn körperfeindliche Kommentare zudem noch mit rassistischen Inhalten verknüpft werden. Vielleicht hast du von der Sängerin Lizzo gehört, die auf Instagram als dicke »mammy« bezeichnet wurde, ein Begriff aus der Sklaverei für Frauen of Color. Die Hass-Kommentare sind meist für alle sichtbar und werden daher als äußerst beschämend erlebt.

Wenn Bodyshaming mithilfe von Internet- und Handydiensten über einen längeren Zeitraum hinweg geschieht, spricht man von Cybermobbing. Auch für Ausgrenzung und Hänseleien in den sozialen Medien gilt: Wer sich abwertend und destruktiv über andere Menschen äußert, ist meist selbst unzufrieden mit dem eigenen Körper oder zumindest deutlich verunsichert hinsichtlich des eigenen Wertes als Person. Andere Menschen werden abgewertet, um sich selbst zumindest kurzfristig besser und selbstsicherer zu fühlen. Diese Erklärungen sollen keine Entschuldigung für Bodyshaming und Cybermobbing sein, sie sollen lediglich klarstellen, dass Hass-Kommentare rein gar nichts mit dir und deinem Aussehen, sondern nur etwas mit dem instabilen Selbstwert der Person, die sie äußert, zu tun haben.

> **Amira, 17,** »Fiese Kommentare unter den Fotos? Das kenne ich auch! Und egal wie man es macht, es gibt immer Leute, die einen haten. Als ich meine Fotos stark bearbeitet habe, wurde mir rückgemeldet, das sähe zu künstlich aus. Und jetzt, wenn ich mich ehrlicher zeige, passt es vielen auch nicht. Ich habe mich mal mit unrasierten Oberarmen gepostet – was da dann kam, das war einfach nur krass. Von ›eklig‹ bis ›unhygienisch‹ war in den Kommentaren alles dabei.«

Sexuell grenzverletzende Erfahrungen → Studien beschreiben einen Zusammenhang zwischen dem Erleben von sexuell grenzverletzenden Erfahrungen, bei Kindern und Jugendlichen spricht man von sexuellem Missbrauch (verbale sexuelle Anspielungen bis zu körperlichen Übergriffen und Vergewaltigungen) und einer starken Scham bezüglich des eigenen Körpers. Um derart grenzüberschreitende Erfahrungen in ihr Weltbild einzupassen, neigen Betroffene dazu, die Schuld bei sich selbst zu suchen – obwohl sie die nicht haben. Insbesondere wenn der Missbrauch durch nahe Bezugspersonen geschehen ist, beginnen Kinder und Jugendliche die Schuld bei ihrem Auftreten (z.B. »Mein Rock war zu kurz«) oder Körper (»Mein Brüste sind viel zu groß«) zu suchen, da sie sonst ihre Beziehung zu dieser Person infrage stellen müssten. Wenn du so eine belastende Erfahrung gemacht hast, ist es sehr nachvollziehbar, dass du beginnst, dich und deinen Körper abzulehnen.

Genauso kann es sein, dass du deinen Körper oder bestimmte Körperbereiche als eklig und abstoßend empfindest, weil du möglicherweise mit diesen Körperbereichen traumatische Bilder verknüpfst. Solltest du derartige Erfahrungen gemacht haben, ist es wichtig, dass du darüber mit einer erwachsenen Person deines Vertrauens sprichst, dich in Sicherheit bringst (solltest du dich in einer akuten Missbrauchssituation befinden) und dir Hilfe bei der Verarbeitung suchst. Eine erste Anlaufstelle kann für dich auch eine Telefonberatung sein (siehe Seite 140).

> **Marisa, 18,** »Als ich 16 Jahre alt war, bin ich nach einer Party noch mit zwei älteren Bekannten mitgegangen. Meine Schwester ist früher nach Hause, ich hätte mit ihr gehen sollen. Es war ganz klassisch. Wir haben weitergetrunken, die Jungs haben was genommen, und irgendwann war ich sehr betrunken. Der jüngere Typ wollte mit mir Sex, und hat nicht aufgehört, mich zu bedrängen. Ein Glück hat der andere Typ ihm dann gesagt, er solle aufhören – er hat mich

dann auch in Ruhe gelassen. Danach habe ich mich so eklig in meinem Körper gefühlt. Am nächsten Tag hat mich vor allem beschäftigt, dass ich sicherlich unmöglich in diesem betrunkenen Zustand ausgesehen habe. Wie verrückt eigentlich – der Typ ist der Täter, und ich schäme mich für mein Aussehen. Mit meiner Therapeutin habe ich diese grenzüberschreitende Erfahrung gut aufarbeiten können.«

JETZT DU Jeder Mensch hat seine ganz eigene Geschichte, wie sich sein Körperbild entwickelt hat. Schau dir noch mal die bisher beschriebenen Einflussfaktoren auf die Entstehung von Körperunzufriedenheit an und überlege, welche Punkte auf dich zutreffen. Vielleicht findest du auch noch weitere Faktoren, die wir nicht konkret benannt haben, die deiner Meinung nach aber deine Unzufriedenheit mit deinem Aussehen auch beeinflusst haben. Im Downloadbereich zum Buch findest du einen Zeitstrahl, mit dem du deine Erfahrungen chronologisch einordnen kannst (ÜBUNG 3, »The Story of my Body«).

WAS HABEN BARBIE UND INFLUENCERINNEN DAMIT ZU TUN?

Über unsere kulturellen und sozialen Normen werden Schönheitsideale vermittelt, die sich mit dem Lauf der Zeit wandeln. Wenn du bereits anfällig für die Entwicklung von Körperunzufriedenheit bist, können dich vermeintliche Vorbilder unserer Gesellschaft auch ungünstig beeinflussen (siehe den Abschnitt »Wie entwickelt sich ein negatives Körperbild?«, Seite 44). Die Beeinflussung beginnt bereits früh in der Kindheit bei geschlechtsspezifischem Spielzeug. Als Jugendliche oder Jugendlicher wirst du möglicherweise nicht mehr mit Barbies spielen, allerdings hast du vielleicht noch eine Barbie- oder Ken-Puppe in deinem Zimmer. In einer Studie wurden Mädchen im Alter von fünf bis acht Jahren Bilder von verschiedenen Puppen gezeigt und im Anschluss befragt, wie sehr sie mit ihrem Körper zufrieden sind (Dittmar u. a. 2006). Die Mädchen, die sich zuvor Barbies angeschaut hatten, waren deutlich unzufriedener mit ihrem Körper als die Mädchen, die sich zuvor eine Puppe mit natürlichen Proportionen angesehen hatten. Dementsprechend können Action- oder Superheldenfiguren, z.B. die muskelbepackte Hulk-Figur, für Jungen problematisch sein, wenn sie unreflektiert als Vorbilder eingesetzt werden.

WUSSTEST DU DAS? Wenn Barbie ein echter Mensch wäre, wäre sie nicht lebensfähig, denn in ihrem zu kleinen Bauch wäre nicht genug Platz für alle lebenswichtigen Organe. Sie könnte ihren Kopf nicht heben und müsste krabbeln, da ihr Nacken und ihre Knöchel zu schmal wären, um das Gewicht zu tragen. Zudem würde ihre Wespentaille ihr das Atmen unmöglich machen. Sich Kens Figur zum Ideal zu nehmen, ist vielleicht nicht ganz so gesundheitsschädigend, aber: It's just as hard to be Ken as it is to be Barbie.

Generell lässt sich sagen, dass die Medien, die Modewelt aber auch die entsprechende Industrie sehr daran interessiert sind, uns Idealbilder zum Aussehen und Körper zu verkaufen, weil wir so ermutigt werden, Fitness- und Beautyprodukte zu kaufen. Die Unternehmen sind natürlich stets bemüht, ihre Produkte weiterzuentwickeln und mehr Körpervielfalt einfließen zu lassen, z.B. gibt es seit 2020 eine Barbie mit Vitiligo, der Weißfleckenkrankheit, bei der weiße pigmentfreie Flecken auf der Haut sind, oder einen schmal gebauten Ken mit rötlichen Haaren. Seit 2021 lässt Germany's Next Topmodel auch Models jeden Alters und Körpertyps zu. Das sind gute Entwicklungen. Allerdings wird die Bedeutung von Aussehen für den Erfolg und das Glück eines Menschen dabei weiterhin nicht wirklich hinterfragt. Hinzu kommt, dass der Mensch auf sein Anderssein reduziert wird, d.h. seine besondere Körperform oder Hauterkrankung wird dramatisch in den Vordergrund gerückt, und es wird nicht mehr der Mensch als Ganzes gesehen (#diversitywashing). Bleib daher wachsam, und lasse dich nicht blenden von vermeintlich mehr Body Positivity – auch wenn es natürlich ein Schritt in die richtige Richtung ist, dass nun vielfältigere Körper in einem so bekannten Fernsehformat präsentiert werden.

Auch Influencerinnen und Influencer in den sozialen Medien haben die Möglichkeit, ein großes Publikum über ihre Beiträge zu erreichen und positiv auf unser Körperbild einzuwirken. Von jungen Frauen im Alter von 12 bis 19 Jahren werden Dagi Bee, Bianca Claßen mit ihrem YouTube-Kanal BibisBeautyPalace, Shirin David, Heidi Klum und Rihanna als wichtigste Influencerinnen genannt (Götz 2019). Das sind Influencerinnen, die sich vorwiegend mit den Themen Beauty, Lifestyle und Mode beschäftigen. Junge Männer folgen hingegen thematisch vielseitigeren Influencern, wie z.B. Gronkh, LeFloid und iBlali. Welchen Influencerinnen und Influencern folgst du? Welchen Content posten sie? Bei der Betrachtung ihrer Inhalte solltest du bedenken, dass die meisten Influencerinnen und Influencer ihren Lebensunterhalt verdienen, indem sie selbst Beauty- und Fitness-Produkte oder Schönheits-OPs bewerben oder während ihrer Beiträge klassische Werbung eingeblendet wird. Um möglichst viel Geld zu verdienen, müssen sie positiv über die Produkte berichten und sich selbst und die Produkte möglichst attraktiv und perfekt präsentieren. Fotos und Videos werden deshalb mit Beauty-Filter bearbeitet – Hautunreinheiten werden ausgebessert, die Zähne aufgehellt, Lippen vergrößert, das Gesicht verschmälert, der Bauch gestrafft, Muskeln hinzugedichtet, Schultern breiter gemacht und die Beine verlängert.

ONLINE TIPP Schau dir einmal den Kurzfilm »Call of Beauty« (9 min) von Brenda Lien auf https://vimeo.com/157924103 an, der die Arbeit vor und hinter der Kamera zweier Freundinnen beschreibt, die einen Beauty-Channel auf YouTube betreiben. Verdeutlicht wird, wie sehr Influencerinnen in ihrem Content durch Werbung gesteuert werden und selbst infrage stellen, ob sie eigentlich authentisch hinter diesen Beiträgen stehen können.

Gefilterte Fotos und Videos von Influencerinnen und Influencern können zur Nachahmung anregen (Götz 2019). In einer Umfrage unter Schülerinnen und Schülern hatten 43% Hemmungen, ein Foto von sich zu posten, weil sie mit ihrem Aussehen unzufrieden waren (Bündnis gegen Cybermobbing e.V. 2022). Es überrascht daher nicht, dass viele Jugendlichc uns in unserer Ambulanz davon berichten, wie sehr sie gedanklich damit beschäftigt sind, »das beste Foto« zu posten und ihre Fotos dafür tiefgreifend nachbearbeiten. Vielleicht wendest du zur Bildbearbeitung selbst Kamera-Apps an, wie YouCamPerfect, PicBeauty oder Facetune. Manche Samsung-Modelle haben auch bereits einen Beauty-Face-Modus vorinstalliert, der automatisch aktiviert wird, wenn man die Frontkamera benutzt. Damit wird bei einem Selfie direkt ein weichgezeichnetes, vermeintlich makelloses Gesicht produziert.

> **Mika, 16,** »In meinem Insta-Account poste ich auch meine Trainingsergebnisse. Meist ist es so: Ich mache ein Foto von meinem Körper, denke ›nice try, da braucht's aber mehr‹, und mache dann einen Manly-Filter drauf, um meine Muskeln stärker zu definieren. Mir ist schon bewusst, dass ich dadurch fake. Aber anders bekommt man halt keine Likes und auch keine Reichweite.«

WUSSTEST DU DAS? Schon mal von »Snapchat Dysmorphia« gehört? Es gibt seit ein paar Jahren den Trend auch in Deutschland: Junge Menschen gehen zum Schönheitschirurgen mit dem Wunsch, so »schön« auszusehen wie ihre gefilterten Selfies. Realität und Fantasie verschwimmen in diesen Fällen, und es werden unrealistische Vorstellungen entwickelt, was ein operativer Eingriff möglich machen kann. Das wirklich Tragische an diesem Trend ist, dass man sich von seinem eigentlichen Körper zunehmend entfremdet.

Nicht nur, dass Influencerinnen und Influencer zur Bearbeitung der eigenen Foto- und Videobeiträge anregen, sie können auch Veränderungen im Ess- und Bewegungsverhalten ihrer Follower und Followerinnen auslösen – günstige, aber auch ungünstige Veränderungen.

In einer Umfrage bei Frauen mit Essstörungen gaben 77% an, dass ihre Aktivität in den sozialen Medien einen Einfluss auf ihren Alltag habe, weil sie z.B. mehr Zeit damit verbringen, sich Beiträge zum Thema »Bauchfett verlieren« anzusehen (Wunderer u. a. 2019). 42% stellten einen negativen Einfluss auf die Entwicklung ihrer Essstörung fest – Heidi Klum, Lena Gercke, Pamela Reif und Taylor Swift übten nach ihrer Einschätzung den stärksten Einfluss aus. Taylor Swift litt übrigens selbst an einer Essstörung, wie sie in »Miss Americana« (Netflix-Doku von 2020) berichtet.

> **Amira, 17,** »Ich scrolle täglich mehrere Stunden durch meine Feeds auf Instagram und TikTok. Direkt nach dem Aufstehen sehe ich mir die ersten Fitness-Beiträge an. Sie motivieren mich, mein Frühstück zu optimieren und direkt eine Übung vor der Schule einzuplanen. Oft führt es aber auch dazu, dass meine Stimmung dann nicht gut ist. Ich bin dann davon überzeugt, dass alle anderen

> besser aussehen als ich und ich nie so einen knackigen Po bekommen werde. An einem »schlechten Tag« schaffe ich es dann auch nicht, die Fitnessübung umzusetzen, die ich mir vorgenommen habe. Dann bin ich noch schlechter gelaunt und habe Schuldgefühle.«

Mika und Amira sprechen einen heiklen Punkt an. So wundervoll soziale Medien auch sind, so besteht doch auch die Möglichkeit, sich permanent mit anderen zu vergleichen. Das fängt beim Aufstehen an und hört erst auf, wenn du dein Smartphone abends neben dein Bett legst und schläfst. Jeden Tag, 24 Stunden lang durchläufst du einen Vergleichsprozess. Das ist ein großer Unterschied zur Generation deiner Eltern, die in deinem Alter viel weniger Gelegenheit hatten, ihr Aussehen mit dem anderer zu vergleichen. Damit nicht genug: Zahlreiche Fitness- und Body-Challenges befeuern diese Vergleiche. Es wird um den dünnsten Körper (#skinnybody), die größte Oberschenkellücke (#thighgap) oder das effektivste Abnehmen (#75Hard) gewetteifert.

> **Laura, 16,** »Ich habe auch schon Videos für TikTok oder Reels bei Insta aufgenommen, auf denen ich bewusst meinen schlanken Körper in Szene gesetzt habe. Ich habe z.B. mein Dekolleté so belichtet, dass mein Schlüsselbein sich noch stärker abzeichnet, oder bewusst meine hervorstehenden Hüftknochen gefilmt. Die Likes und bestärkenden Kommentare haben mich natürlich richtig gepusht in meinem Vorhaben, weiter abzunehmen.«

Keine Frage, soziale Medien zu nutzen bietet sehr viele großartige Möglichkeiten: Man fühlt sich verbunden mit anderen, wenn man gemeinsam sogenannte Fitspirations teilt oder an Challenges teilnimmt. Man kann sich jederzeit über die neusten Trends, nicht nur hinsichtlich Style, Mode und Beauty, informieren. Das ist sehr inspirierend und hilft, die eigene Persönlichkeit zu finden. Filter zu verwenden, die niedliche Hundeohren zaubern oder das Gesicht mit Glitzer bedecken, macht verdammt viel Spaß. Auch mithilfe von Beauty-Apps an einer Veränderung des eigenen Körpers zu experimentieren und verschiedene Stylings, Frisuren und Make-ups auszuprobieren, kann zu deiner Identitätsfindung und Kreativität beitragen. Digitale Vorbilder, die Körpervielfalt feiern – und davon gibt es eine Menge –, inspirieren und unterstützen uns auf dem Weg zu Körperakzeptanz. Du bist plötzlich nicht mehr alleine mit deiner Akne, der starken Körperbehaarung oder Hautfarbe und fühlst dich verstanden. Diese wahnsinnige Freiheit und die Möglichkeiten der Vernetzung und Wissenserweiterung wollen wir in keinem Fall mehr missen!

Problematisch wird dein Social Media-Konsum jedoch, wenn er immer exzessiver und suchtartiger wird, du z.B. online gehen »musst«, um zu überprüfen, wie viele deiner Followerinnen und Follower dein neues Foto oder Video gelikt haben. Oder wenn du so fasziniert bist von einer Influencerin oder einem Influencer, dass du immer wieder nachschauen »musst«, ob sie oder er ein neues Foto oder Video von sich hochgeladen hat. Oder wenn du unkritisch alle Sportübungen und Diätformen, so wie Mika, Amira und Laura, nachahmst, ohne zu hinterfragen, ob diese Übungen und die Art der Ernährung für deinen individuellen Körper wirklich passend und gesund sind.

Hinzu kommt, dass viele soziale Netzwerke dein Verhalten analysieren und dir neue Feeds nach einem bestimmten Algorithmus vorschlagen, die zu »deinen« vermeintlichen Interessen passen. Damit formt und beeinflusst dich das Netzwerk zunehmend, ohne dass du merkst, wie dein Interesse gelenkt wird. Wenn du z.B. viele Feeds zu Aussehen, gesunden Rezepten und Sportübungen von Influencerinnen und Influencern abonniert hast, die ein sehr einseitiges Schönheitsideal vertreten, kannst du in eine sogenannte »Filterblase« geraten. Es werden dir zunehmend Beiträge von ungünstigen Vorbildern vorgeschlagen. Zuletzt möglicherweise auch Beiträge von Personen, die ihre Körperbildstörung idealisieren. Wir möchten dich daher ermutigen, bewusst Influencerinnen und Influencer auszuwählen, die dich nicht negativ beeinflussen, sondern dich im besten Fall unterstützen auf deinem Weg zu mehr Körperzufriedenheit.

Im Downloadbereich zum Buch findest du Hilfestellungen, wie du aus der Filterblase bei Instagram, TikTok & Co. (INFO 1) rauskommen kannst.

KENNST DU DEN TEUFELSKREIS DES NEGATIVEN KÖRPERBILDS?

Du hast bereits erfahren, dass sich dein Körperbild aus vier Komponenten bildet (siehe Seite 25), die eng zusammenhängen. Wenn wir auf diese Zusammenhänge nicht positiv einwirken, kann sich die Unzufriedenheit mit unserem Körper immer weiter verstärken, und es entsteht ein typischer Teufelskreis. So einen Teufelskreis kennst du vielleicht auch von dir. Wir möchten dir nun zunächst die Mechanismen von Marisa und Amira vorstellen, die diese Teufelskreise aufrechterhalten.

> **Marisas** Teufelskreis beginnt damit, dass sie bemerkt, wie sie von einem Mädchen aus der Parallelklasse in der Pause auf dem Schulhof angestarrt wird. Das ist zumindest ihre Interpretation, möglicherweise schaut das Mädchen

einfach nur zufällig in ihre Richtung, weil hinter Marisa ein lautes Motorrad vorbeifährt oder sie Marisas Outfit cool findet. Marisa ist sofort davon überzeugt, dass dieses Mädchen seinen Blick auf ihren Bauch gerichtet hat, da sie den bei sich selbst auch stark fokussiert und ihn als »schwabbelig und fett« wahrnimmt. Dadurch entstehen bei Marisa folgende Gedanken: »Mein Bauch ist so eklig, ich bin einfach abstoßend, klar, dass ihr das auffällt. Ich habe so zugenommen, mein Bauch geht echt gar nicht, ich lasse das Mittagessen ausfallen, und nach der Schule gehe ich sofort joggen.« Sie fühlt sich einfach nur mies, traurig und verzweifelt und kann sich, als die Pause vorbei ist, nicht mehr auf den Unterricht konzentrieren.

Nach der Schule geht sie nach Hause und zieht sich sofort ein weites T-Shirt an. Sie isst nichts bis zum Abend und ist den ganzen Nachmittag schlecht gelaunt, sodass sie auch nicht schafft, joggen zu gehen. Selbst das geplante Treffen mit einer Freundin sagt Marisa ab, die ihr rückmelden könnte, dass sie liebenswert ist, so wie sie ist, und überhaupt nicht eklig. Durch Marisas Verhalten (Verhüllen, Rückzug, Vermeidung der Rückmeldung durch andere Menschen) werden ihre negative Einstellung zum Körper und ihre verzerrte Wahrnehmung nicht hinterfragt und widerlegt, sondern im Gegenteil sogar gestärkt. Jeder Blick in Marisas Richtung kann zu einem Ereignis werden, das diesen Teufelskreis aktiviert.

Amiras Teufelskreis beginnt damit, dass sie den Blick in einen Ganzkörperspiegel vermeidet und versucht, ihren Körper beim Duschen so wenig wie möglich zu berühren. Dadurch weiß sie gar nicht genau, wie sie aussiehst und wie sich ihr Körper anfühlt. In ihren Gedanken und ihrer Wahrnehmung bleibt ein Bild von ihrem Körper bestehen, bei dem der vermeintlich hässliche Körperaspekt (wie sie sagt: »zu starke Körperbehaarung«) und die vermeintlichen Problemzonen (wie sie sagt: »zu kleine Brüste, zu schlaffer Po, hässliche Höckernase und generell zu dick«) dominieren. Das Bild, das Amira von ihrem Körper hat, kann sie gar nicht hinterfragen, weil sie sich nicht als Ganzes betrachtet. Sie fühlt sich zunehmend unwohl in ihrem Körper, entfremdet sich immer weiter von ihm und benutzt immer mehr Beauty-Filter bei Instagram. Auf ihrem Insta-Account sind daher sehr unterschiedliche Fotos von ihr zu sehen. Männliche Bekannte haben ihr schon rückgemeldet, dass sie sie in Real Life kaum erkannt haben, da sie so ganz anders als auf ihren bearbeiteten Fotos aussieht. Amira probiert auch ständig neue Haarfarben, Styles oder neues Make-up aus und weiß gar nicht so richtig, was ihr gefällt oder steht. Angesichts dieser Entfremdung und der Vermeidung, mit ihrem Körper in einen echten Kontakt zu treten, bleibt sie verunsichert und macht sich viele Sorgen wegen ihres Aussehens. Amiras Teufelskreis kann durch ein Foto von ihr, einen kurzen Blick in den Spiegel oder eine andere Reflexion ihres Körpers (z.B. in einem Schaufenster) aktiviert werden.

JETZT DU Schau dir noch mal die Abbildung 1 »Wie die vier Komponenten des Körperbilds zusammenhängen« an. Überlege, wie jede Komponente bei dir aussieht und wie diese bei dir persönlich miteinander zusammenhängen. Im Downloadbereich zum Buch findest du dazu eine Abbildung, die du für dich befüllen kannst (ÜBUNG 4, »Warum bleibe ich so unzufrieden mit meinem Körper?«).

So wie Marisa und Amira hast auch du die Möglichkeit, an einer Komponente des Körperbildes anzusetzen und etwas zu verändern – was sich wiederum positiv auf die anderen Komponenten auswirkt. Viele kleine Schritte können dir dabei helfen, zunehmend Freundschaft mit deinem Körper zu schließen. In der Psychotherapie gibt es hilfreiche Übungen, die dich auf diesem Weg begleiten und unterstützen können. Du findest eine Auswahl an Übungen in den nächsten beiden Kapiteln. Gönn dir einen erneuten Blick auf deinen Körper – es lohnt sich.

NOCH MAL DAS WICHTIGSTE IN KÜRZE

- Die Veränderung des eigenen Körpers in der Pubertät ist eine riesige Herausforderung für jeden jungen Menschen. Es handelt sich um einen ganz normalen, hormonell bedingten Veränderungsprozess. Es ist absolut okay, dass du zunimmst und deine Körperteile unterschiedlich schnell wachsen.
- Jeder Körper ist eigen, kein Körper ist so wie deiner, und jeder Körper ist ein guter Körper.
- Es gibt viele Gründe, die zusammenwirken und dazu führen können, dass ein Mensch mit seinem Körper unzufrieden ist. Kein Mensch hat Schuld an seiner Körperunzufriedenheit. Entscheidend ist nur, dass er sich gerade dann gut um sich selbst kümmert und sich zugesteht, sich dabei auch Unterstützung holen zu dürfen.
- Jeder Mensch hat seine ganz eigene Körperbildgeschichte. Faktoren wie die Wichtigkeit von Aussehen, Figur und Körpergewicht für unseren Selbstwert, die Orientierung an einem einseitigen Schönheitsideal und Vergleiche mit dem Äußeren anderer Menschen haben Einfluss auf die Entwicklung unseres Körperbildes.
- Bestimmte Erlebnisse bezüglich unseres Körpers, wie Ausgrenzungserfahrungen, Bodyshaming in den sozialen Medien oder sexuelle Grenzüberschreitungen, machen uns verletzlich und erhöhen das Risiko, ein negatives Körperbild zu entwickeln.
- Damit die Körperunzufriedenheit bestehen bleibt, agieren sogenannte Teufelskreise. Die vier Komponenten des Körperbilds halten sich gegenseitig aufrecht, lassen sich aber auch an jeder Stelle durchbrechen und positiv beeinflussen.

HAB MUT ZUR VERÄNDERUNG

In diesem Kapitel möchten wir dich darin darin begleiten, dich mit deiner Motivation für mehr Zufriedenheit mit deinem Körper auseinanderzusetzen. Zur Unterstützung sind hier auch Wege beschrieben, die Körperaktivistinnen und -aktivisten beschritten haben, um zu einem gesunden Körperbild zu gelangen. Diese Wege inspirieren dich möglicherweise. Bestenfalls ermutigen sie dich sogar, dass du es genauso schaffen kannst wie sie. Und sie zeigen auf, dass es sich für jeden Menschen lohnt, die einzigartige Beziehung zu seinem Körper anzunehmen und zu überdenken.

BEGIB DICH AUF DEN WEG

Vielleicht liest du das und denkst, wieso soll ich ich mich auf den Weg begeben und etwas an meinem Körperbild ändern, wenn doch andere dafür verantwortlich sind, dass ich mich so für meinen Körper schäme. Und du denkst sofort an Situationen, in denen du für dein Aussehen gemobbt wurdest. Oder du denkst daran, dass du doch selbst Schuld an deiner Unsicherheit mit deinem Körper trägst und es sowieso nicht verdient hast, dich wertvoller zu fühlen. Sei dir bitte sicher, dass wir dir weder belastende Erfahrungen bezüglich deines Körpers absprechen noch dir Schuld anhängen möchten, sondern dich bestärken wollen, deinen individuellen Weg zu mehr Zufriedenheit mit deinem Körper zu gehen. Auch entsteht vielleicht bei dir das Gefühl, dass du aus einer Mücke einen Elefanten machst – vielleicht sagst du dir ja: »So schlimm ist das doch alles gar nicht bei mir mit den Sorgen über das Aussehen!« Oder du siehst gar keinen Sinn darin, etwas an deinem Körperbild zu ändern. Vielleicht hast du diesen Ratgeber von deiner Mutter geschenkt oder von einem Schulpsychologen ausgeliehen bekommen, und eigentlich ärgerst du dich noch immer darüber. All das bedenkend, ist es aus unserer Sicht wichtig, dass du zu Beginn erst einmal innehältst und deine Erwartungen und deine Befürchtungen reflektierst, die du mit einer Verbesserung deiner Körperzufriedenheit verbindest.

ÜBERPRÜFE DEINE ERWARTUNGEN

Erwartungen spielen eine große Rolle dabei, ob man einen neuen Weg wählt, und wenn man einen wählt, dann beeinflussen sie, wie man ihn beschreitet: Motiviert, verbindlich, engagiert und mit festen Schritten oder zögerlich, gar nicht so sehr überzeugt von dem Weg und möglicherweise auch nicht von dem Ziel, das man anvisiert. Sowohl für körperliche Erkrankungen als auch psychische Störungen wurde in Studien nachgewiesen, dass sich aus den Erwartungen zu Beginn einer Therapie ein bedeutsamer Teil des Behandlungserfolgs ableiten lässt (Rief & Glombiewski 2016). Kurz gesagt: Abhängig von deinen Erwartungen an dein Kontroll- und Vermeidungsverhalten bezüglich deines Körpers, von deinen Erwartungen an einen offenen und akzeptierenden Umgang mit deinen vermeintlichen Makeln und auch von deinen Erwartungen an dich selbst, wirst du mehr oder weniger erfolgreich darin sein, eine größere Körperzufriedenheit zu entwickeln. Daher lohnt es sich sehr, die eigenen Erwartungen ernst zu nehmen und möglicherweise auch zu hinterfragen. Nimm dir also ruhig diese Zeit.

JETZT DU Beginne damit, dir deiner Erwartungen an dein Bewältigungsverhalten bewusst zu werden. Wobei sollen dir Überkompensation, Vermeidung oder Unterwerfung bei der Bewältigung deiner Körpersorgen helfen? Im Downloadbereich zum Buch findest du eine vertiefende Übung, die dich dabei unterstützen kann. Bei dieser Übung wählst du einen Stuhl für deinen weisen Anteil und einen Stuhl für deine Bewältigungsanteile aus und erkennst so an, welch wichtige Rolle die Bewältigungsanteile in deinem Leben einnehmen (ÜBUNG 5, »Wovor schützen mich Minirock, Rückzug oder ein Sich-Fügen?«).

Paul gelang es im Rahmen der Stuhlübung, einen Namen für seine Bewältigungsanteile zu finden: »der Vermeider«. Dieser hatte ihm von klein auf dabei geholfen, seine Scham bezüglich seines vermeintlichen Makels – dem Dicksein – erträglicher zu machen. Seit der Abnehmkur, bei der er sich sehr alleingelassen gefühlt hatte, spürte er diesen Makel. Er sagte Verabredungen ab und zockte stattdessen nächtelang am PC, wo er sich sicher und unverletzbar fühlte. Der Vermeider motivierte ihn auch, übergroße schwarze Hoodies in der Schule zu tragen, sodass Mitschüler so wenig wie möglich von seiner Körperfigur sehen konnten. Dann war auch sein innerer Kritiker weniger abwertend. Zuletzt war es jedoch so, dass ihn der Rückzug in sein Kinderzimmer zu nerven begann und er sich oft langweilte. Paul malte sich dann aus, wie viel Spaß die anderen gerade hatten, was er alles verpasste, und fühlte sich dabei sehr einsam. Ihm wurde klar, dass er seine Vermeidung reduzieren und sich gerne auch mit Freunden außerhalb der Schule treffen wollte.

Laura erkannte bei sich sowohl Verhaltensweisen der Unterwerfung (Bedürfnisse des Körpers werden missachtet: man isst weniger oder lässt Mahlzeiten ganz ausfallen, treibt sich zu immer mehr Leistung an) als auch der Überkompensation (man geht perfekt gestylt in die Schule, lädt inszenierte Reels und Fotos bei Instagram hoch). Sie nannte ihre Bewältigungsanteile »die Perfektionistin in mir«, da sie diesen Aspekt am stärksten bei sich wahrnahm. Über die Perfektionistin gelang es Laura zumindest kurzfristig, Lob und Anerkennung in der neuen Klasse zu erhalten – eine Form der Zuwendung, die sie seit der Geburt ihres kleinen Bruders zu Hause vermisste. Sie hatte den Eindruck, dass die Perfektionistin sie auch vor Kritik an ihrem Aussehen von außen beschützte. Im Rahmen der Stuhlübung wurde ihr jedoch bewusst, dass die Perfektionistin es übertrieb und sie immer stärker in Richtung einer Essstörung steuerte. Die

Sorge ihrer Eltern und ihrer Lehrer angesichts ihrer Gewichtsabnahme empfand sie zwar auch als angenehme Zuwendung, jedoch führte diese Zuwendung, wenn sie ganz ehrlich zu sich war, nicht dazu, dass sie sich wirklich besser und geliebter fühlte. Im Gegenteil, sie grübelte immer mehr und zog sich zurück.

Was wäre, wenn du nun deinen Bewältigungsanteil aufgeben und stattdessen einen offenen und akzeptierenden Umgang mit deinen vermeintlichen Makeln verfolgen würdest? Was würde passieren? Was erwartest du?

Stell dir einmal vor, du bist in einem starken Überkompensations-Modus, du inszenierst und bearbeitest alle deine Fotos ausgiebig, bevor du sie online stellst oder an Freundinnen und Freunde weiterleitest. Was könnte geschehen, wenn du etwas änderst? Was wäre, wenn du einmal ein unbearbeitetes, natürliches Foto von dir hochladen oder einer Freundin oder deinem Freund schicken würdest? Wovor hast du Angst? Was hält dich davon ab, zu überprüfen, was andere Menschen an deinem ganz natürlichen Aussehen schätzen? Jugendliche in unserer Ambulanz haben berichtet, dass sie (oder vielmehr ihre inneren Kritiker) davon überzeugt sind, dass andere Menschen ihren vermeintlichen Makel oder ihre vermeintlichen Problemzonen belächeln oder beleidigen würden, wenn sie die sehen würden. Zu Behandlungsbeginn waren sie daher der Meinung, dass ein offenes Zeigen ihrer sogenannten Makel oder Problemzonen schwer oder gar nicht auszuhalten wäre.

JETZT DU Notiere alle deine Erwartungen, die bei dir entstehen, wenn du dir vorstellst, dass du anfängst, mehr zu deinem natürlichen Aussehen zu stehen. Im Downloadbereich findest du ein Schema mit vier Feldern, in das du alle Argumente eintragen kannst, die dafür- bzw. dagegensprechen, an deinen Bewältigungsanteilen festzuhalten (ÜBUNG 6, »Wo stehe ich auf meinem Weg?«).

Welche Hürden hast du vielleicht noch zu überwinden? Wie bereits erwähnt, können auch allgemeine Erwartungen an dich selbst oder an andere Menschen Hindernisse auf dem Weg zu einer Veränderung darstellen. Diese Erwartungen können ebenfalls in deinen früheren Erfahrungen begründet sein, die du beim Erreichen von Zielen gemacht hast. Aus Angst zu versagen, lässt du dich womöglich gar nicht erst auf eine Übung ein. Möglicherweise hast du auch gewisse Einstellungen deiner Eltern oder wichtiger Bezugspersonen unbewusst übernommen, bist daher also bereits vorab davon überzeugt, dass eine Übung dir nicht weiterhelfen wird. Solche negativen Erwartungen können schnell zu selbsterfüllenden Prophezeiungen werden und bringen dich nicht voran. Vielleicht hilft es dir stattdessen ja, einen dich unterstützenden Mutmach-Satz aufzuschreiben, wie »Jeder Mensch macht Fehler und benötigt Zeit, etwas zu lernen – ich probiere die Übung jetzt einfach mal aus« oder »Ich habe schon viele Dinge erreicht und kann somit auch lernen, zufriedener mit meinem Körper zu werden.«

WUSSTEST DU DAS? Es ist völlig normal, dass man zu Beginn oder auch zwischendurch bei der Bearbeitung der eigenen Körperbildgeschichte denkt, »Puh, ist das alles anstrengend, eigentlich will ich gar nichts ändern«. Oder dass man, wie bereits erwähnt, dazu tendiert, die eigene Unzufriedenheit mit dem Körper herunterzuspielen – vielleicht hast du dich ja auch schon bei diesem Gedanken erwischt: »So schlimm ist das doch gar nicht bei mir.« Die große Begeisterung für das Thema Körperakzeptanz kann dann plötzlich in Skepsis umschlagen und auch das Interesse für diesen Ratgeber kann Zweifeln weichen, ob die vorgestellten Übungen überhaupt etwas bringen. Du durchläufst verschiedene Motivationsprozesse bei deiner Verarbeitung – das ist bei jedem Menschen so. Versuche daher mitfühlend mit dir zu sein, wenn du zögerst voranzuschreiten. Es ist sehr verständlich und normal, auf dem Weg innezuhalten. Versuche dann, deine möglicherweise ungünstigen Erwartungen und die dahinterliegenden Ängste behutsam wahrzunehmen und zu hinterfragen. Und lass dich von diesen Hindernissen nicht von deinem Weg abbringen.

MACH DIR KLAR, WARUM ES SICH LOHNT, ETWAS ZU VERÄNDERN

Die Beziehung zu dir selbst und damit auch zu deinem Körper ist deine wichtigste Beziehung – ist dir das eigentlich bewusst? Dein Körper wird dich dein gesamtes Leben lang begleiten! In Anbetracht dieser Tatsache lohnt es sich zu überlegen, welche Vorteile es mit sich bringt, wenn du etwas an deiner Haltung zu deinem Körper veränderst. Dafür ist es wichtig, dir zu vergegenwärtigen, dass – unabhängig von allen ungünstigen oder grenzüberschreitenden Erfahrungen, die du bezüglich deines Körpers gemacht hast – du selbst dafür verantwortlich bist, etwas zu verändern.

JETZT DU Ich möchte dich einladen, einmal zu durchdenken, wie sich deine Unzufriedenheit mit deinem Körper auf dein weiteres Leben – wenn du nichts veränderst – auswirken könnte. Und wie sich dein Leben hingegen entwickeln könnte, wenn du aktiv etwas dafür tust, um zufriedener mit deinem Körper zu werden. ÜBUNG 6, »My body – my life. Wie sich meine Körperunzufriedenheit auf mein Leben auswirkt«, in den Downloadmaterialien kann dir dabei helfen.

Als Mika sich überlegt, wie wohl das kommende Jahr aussehen wird, wenn er alles so weiterlaufen lässt wie bisher, wird ihm bewusst, dass er vermutlich den Großteil seiner freien Zeit im Fitnessstudio verbringen wird. Er wird sich immer stärker von seinen Freunden zurückziehen. Seine Gedanken werden um die Themen Training, Körperfettanteil und Kalorien kreisen, und er wird kaum mehr gemeinsame Gesprächsthemen mit seinen Klassenkameraden haben. Mika wird sich vermutlich immer isolierter in seiner Klasse fühlen. Auch besteht aus seiner Sicht die Gefahr, dass er durch das intensive Verfolgen der Beiträge von Fitnessinfluencern immer weiter in den Sog der Selbstoptimierung gezogen und möglicherweise auch beginnen wird, riskante Substanzen für den Muskelaufbau auszutesten. Er wird dann wahrscheinlich auch keinen Kopf dafür haben, sich mit seinen beruflichen Vorstellungen auseinanderzusetzen und sich nach dem Abitur planlos und aufgeschmissen fühlen. Mika hätte gerne eine feste Freundin; er weiß aber nicht, wie er es zeitlich schaffen soll, regelmäßige Treffen neben seinen Trainingszeiten einzuplanen. So jedenfalls, wird ihm dann klar, hat er sich sein 19. Lebensjahr nicht vorgestellt.

Amira gewinnt bei der gedanklichen Vorstellung, wie ihr Leben weitergehen wird, wenn sie aktiv etwas gegen die Unzufriedenheit mit ihrem Körper unternimmt, eine wichtige Einsicht. Sie kann dann nicht mehr länger ihr Aussehen verantwortlich für Misserfolge und Ablehnungen machen. Als sie beispielsweise bei einer Bewerbung um einen Ausbildungsplatz abgelehnt wurde, hat sie das ihrem Aussehen zugeschrieben. Es war einfacher für sie zu sagen, »Das ist, weil ich schrecklich aussehe«, als zu sagen, »Meine Kompetenzen reichen noch nicht für diesen Job«. Für Amira könnte es eine große Herausforderung werden, ihr Können und ihre Fertigkeiten insbesondere bei Misserfolg und Ablehnung zu hinterfragen. Andererseits ist es Amira bewusst, dass sie sich langfristig selbstsicherer und wohler in ihrem Körper fühlen wird, wenn sie lernt, ihren Körper zu akzeptieren. Dann hätte sie auch wieder mehr Zeit, weil sie nicht ständig damit beschäftigt wäre, ihren Körper nach Haaren abzusuchen und sich zu rasieren. Und sie würde sich deutlich mehr zutrauen, z.B. endlich mal auf ein Festival gehen oder in der Abendschule ihr Fachabitur nachmachen.

Mika und Amira führen ein Leben in einer Art Warteschleife, aus Angst, jemand könnte ihren Körper beurteilen. Wie ist das bei dir? Soll der Sinn deines Lebens darin bestehen, »gut auszusehen« oder »dünn zu sein«? Oder wünschst du dir viel eher ein Leben voller intensiver und befreiender Körpermomente? Vor dem Hintergrund, dass unser Leben endlich und damit unsere Zeit begrenzt ist, die wir gestalten können, ist diese Frage erst recht wichtig – auch wenn diese zeitliche Perspektive dich in deinem Alter möglicherweise noch nicht so stark berührt, da dein eigenes Lebensende noch so weit weg erscheint. In jedem Fall lohnt es sich, einmal innezuhalten und sich klarzumachen, worauf es eigentlich ankommt im Leben. Was liegt dir wirklich am Herzen? Wir gehen fest davon aus, dass du dein Leben viel lieber an deinen Herzensangelegenheiten ausrichten möchtest als an deinem Aussehen, deinem Körpergewicht und deiner Figur.

Wenn wir von Herzensangelegenheiten sprechen, dann meinen wir damit »Werte«, die dir wichtig sind. Werte können dir eine Orientierung geben, wenn du im Alltag unsicher bist, was zu tun ist. Genauso können Werte dir einen starken Halt geben, wenn du dich gerade in einer belastenden Lebensphase befindest. Im Gegensatz zu klar definierten Zielen kannst du Herzensangelegenheiten oder Werte niemals erreichen und abhaken wie auf einer To-do-Liste, sie zeigen dir vielmehr deinen Weg auf und helfen dir zu entscheiden, was du tun bzw. unterlassen solltest, um dich deinen Werten anzunähern. Bedeutsame Werte können beispielsweise sein: Offenheit und Toleranz gegenüber Menschen aus anderen Kulturen, eine aufmerksame und verlässliche Freundin oder ein aufmerksamer und verlässlicher Freund zu sein, sich für die Rechte von Tieren einzusetzen, nachhaltig mit der Umwelt umzugehen.

Ziele hinsichtlich dieser Werte könnten beispielsweise sein: ein Buch über Buddhismus zu lesen, beim Schüleraustausch mitzumachen, eine besondere Überraschung für eine Freundin zu planen (z.B. einen Kurztrip am Wochenende), ehrenamtlich mit einem Hund aus dem Tierheim spazieren zu gehen, sich drei Wochen lang vegan zu ernähren, eine Kleidertauschparty zu organisieren oder zur nächsten Fridays-for-Future-Demo zu gehen. Werte können deine Helfer bei Entscheidungen sein und deinem Leben einen tieferen Sinn geben.

JETZT DU Nutze die ÜBUNG 7, »NEXT LEVEL – Was mir eigentlich wichtig ist«, aus dem Downloadbereich, um dich mit deinen Werten auseinanderzusetzen und den Stellenwert von Aussehen, äußerer Erscheinung und Anerkennung für dein Leben zu hinterfragen. Wie möchtest du dein Leben gerne gestalten, um im Alter von beispielsweise 70 Jahren zufrieden zurückblicken zu können? Selbstverständlich kannst du auch ein Alter auswählen, das näher liegt und dir passender erscheint. Bei dieser Übung handelt es sich um eine sogenannte Imaginationsübung, bei der du in deiner Fantasie bestimmte Bilder und Vorstellungen mit deinen Gefühlen in Verbindung bringst. Wenn du merkst, dass dir die Übung nicht guttut – weil z.B. intensive Erinnerungen an grenzüberschreitende Erfahrungen hochkommen, beende bitte die Übung rechtzeitig. Du musst diese Übung auch nicht alleine machen, sondern kannst sie gemeinsam mit deiner Therapeutin oder deinem Therapeuten durchführen.

Wie ist es dir bei dieser Imaginationsübung ergangen? Manche Menschen werden bei dem Gedanken ans Alter melancholisch oder auch traurig, weil sie möglicherweise ihr Leben bisher nicht so gestalten konnten, wie sie es sich gewünscht hätten. Wenn das auch bei dir so ist, erlaube dir diese Trauer um verpasste Chancen, du musst keine Angst vor ihr haben. Trauer hilft, Erfahrungen zu verarbeiten, mit ihnen abzuschließen und sie letztlich als einen notwendigen Schritt zu akzeptieren, um sich besinnen, neu orientieren und voranschreiten zu können. Anders als älteren Menschen steht dir, wenn alles gut geht, dein ganzes Leben noch bevor. Folglich hast du noch die Chance, selbst zu entscheiden, wie dieses Leben aussehen soll.

Wenn du merkst, dass du beim Gedanken an die Endlichkeit des Lebens in eine länger andauernde depressive Stimmung abrutschst, suche dir bitte selbstfürsorglich professionelle Unterstützung. Konntest du in dieser Übung Herzensangelegenheiten - Werte, die dir besonders wichtig sind -benennen?

> **Als Kasim** die Übung durchführt, fragt er sich zunächst, ob ihn diese Übung überhaupt weiterbringt - sein Lebensalter erscheint ihm noch so weit weg. Es gelingt ihm jedoch erstaunlich gut, sich vorzustellen, wie er neben einem kleinen Jungen auf einer Bank im Park sitzt. Der kleine Junge erinnert ihn an seinen fünfjährigen Cousin, den er sehr ins Herz geschlossen hat. Er kann sich deshalb auch gut in das Gespräch hineinversetzen und überlegen, was er diesem kleinen Jungen mitgeben will. Für seinen Cousin möchte er gerne Vorbild sein.

Kasim wird bewusst, dass er ihm gerne sagen möchte, dass er sich für seinen Körper nicht zu schämen braucht und dass jeder Körper einzigartig und schön ist. Und er möchte ihm gerne raten, eine Bewegung für sich zu finden, die ihm Spaß macht und ihn mit seinem Körper in Kontakt bringt. Dabei muss es nicht für einen Jungen typischerweise Fußball oder Basketball sein – es ist ganz egal, was andere Menschen über die Sportart denken. In der Rückschau auf sein Leben möchte Kasim gerne dem Aussehen keine so große Bedeutung beimessen. Er möchte dem kleinen Jungen gerne vorleben, dass es entscheidend ist, auf die Bedürfnisse seines Körpers zu achten, z.B. indem man Yoga oder Meditation praktiziert. In der Rückschau auf sein Leben würde er gerne einen Beruf ausgeübt haben, der ihn erfüllt, ihm sinnvoll erscheint und ihm Freude bereitet. Er kann sich z.B. gut vorstellen, Lehrer zu sein, vielleicht sogar an der Grundschule. Im Rahmen der Übung wird ihm zudem klar, dass es im Leben vor allem darum geht, für seine Freunde und die Familie da zu sein, den Moment zu genießen, ohne perfekt sein zu müssen.

WUSSTEST DU DAS? Wenn du dir bewusst bist, was dir wirklich von Herzen wichtig ist und wonach du dein Leben ausrichten möchtest, kannst du dich viel leichter und eindeutiger dazu durchringen, etwas zu verändern. Jede Minute, die du damit verbringst, dein Aussehen, deine Figur oder dein Gewicht abzuwerten, zu optimieren oder zu verstecken, ist eine weitere Minute, die dich davon abhält, nach diesen Herzensangelegenheiten zu handeln. Überlege mal: Welchen kleinen Schritt könntest du heute noch in Richtung einer größeren Körperzufriedenheit tun? Welchen Schritt, an den du dich später mit einem Lächeln und Stolz erinnerst?

LERNE DEN WEG VON KÖRPERAKTIVISTINNEN UND -AKTIVISTEN KENNEN

In den letzten Jahren ist viel passiert: Zunehmend häufiger öffnen sich Prominente und berichten von der Bewältigung ihrer Unsicherheiten bezüglich ihres Körpers. Oder sie stehen für mehr Körperakzeptanz in der Öffentlichkeit ein und beschreiten damit progressive Wege im Film- oder Musik-Business. Wusstest du, dass sich Schauspielerin und Drehbuchautorin Lena Dunham aus der Serie »Girls« dazu entschlossen hat, keine Bildbearbeitung mehr bei ihren Fotos zuzulassen? Auf dem amerikanischen Glamour-Coverbild war sie mit Cellulite an ihren Oberschenkeln zu sehen – so was hat sich zuvor noch keine Prominente getraut, obwohl nahezu jede Frau Cellulite hat. Die Soul- und R&B-Sängerin Alicia Keys trägt die meiste Zeit kein Make-up mehr und hat die #nomakeup-Bewegung angestoßen. Die Musikerinnen Billie Eilish und Lady Gaga stehen für ein extravagantes äußeres Erscheinungsbild und lassen sich wenig vom Mainstream vorschreiben. Der Musiker Harry Styles trägt gerne Kleider. Riccardo Simonetti, ein deutscher Influencer und LGBTQIA+-Sonderbotschafter für das EU-Parlament, liebt Schminke und lange Haare und setzt sich für eine geschlechtliche Körpervielfalt ein (#newmasculinity).

Erwähnenswert ist auch der Auftritt von Ed Sheeran beim »Perfect Duet« mit Beyoncé im opulenten pinken Rüschenkleid, bei dem er wie gewohnt Sneakers, Jeans und ein normales T-Shirt trägt. Die Schauspielerin und Musikerin Selena Gomez berichtete in der Vergangenheit bereits mehrfach über ihr erlebtes Bodyshaming in den sozialen Medien. Auf Instagram zeigt sie sich z.B. in einer Pose im Badeanzug, bei dem sich ihr Bauch nach außen wölbt, wie bei jedem Menschen, der nicht den Bauch einzieht – für Hollywood jedoch noch immer ein bemerkenswertes Statement. Bekannte Curvy Models, wie Ashley Graham, Angelina Kirsch, Paloma Elsesser, Precious Lee, Jada Sezer oder Barbie Ferreira, setzen sich mit ihrer Berühmtheit für die Body-Positivity-Bewegung ein. Millennial-Influencerinnen wie Doja Cat treten als Befürworterinnen eines unkonventionellen Fashion-Styles auf. Mik Zazon mit ihrer Kampagne #normalizenormalbodies, Tiffany Ima und Megan Jayne Crabbe engagieren sich alle gezielt für mehr Körperakzeptanz. Hannah Witton zeigt ihren Körper mit künstlichem Darmausgang, und Marie Nasemann berichtet offen über ihre Skoliose, einer seitlichen Verkrümmung der Wirbelsäule. Laura setzt sich für mehr »Skin Positivity« angesichts ihrer Neurodermitis und Nesselsucht ein (@kratzen_bis_es_blutet). Es gibt bereits eine Menge Vorbilder in den Medien, die dich auf deinem Weg inspirieren können (siehe hierzu auch Infoblatt 5 im Downloadbereich »Wie kann ich aus meiner ›Filterblase‹ bei Instagram, TikTok & Co. aussteigen?«).

ONLINE TIPP Auf YouTube findest du zahlreiche Interviews von Prominenten zu ihrem Körperbild. Der Musiker Ed Sheeran erzählt sehr offen über seinen Weg zu mehr Körperzufriedenheit bei Arte Tracks (https://www.youtube.com/watch?v=CtjoZ-q_rzo).
Die Schauspielerin Lena Dunham berichtet in der Drew-Barrymore-Show über ihre Gewichtszunahme und ihre wachsende Körperakzeptanz (https://www.youtube.com/watch?v=xmjooSLqe7E).
Auch Melodie Michelberger, eine bekannte deutsche Body-Image-Aktivistin, schildert eindrücklich ihren langen Weg zur Selbstliebe in der Reportagen-Reihe »37 Grad« des ZDF (https://www.youtube.com/watch?v=yg54XS98HHA).

Im Zusammenhang mit diesem Ratgeber berichten zudem sieben großartige Körperaktivistinnen und Körperaktivisten von ihrer ganz persönlichen Körperbildgeschichte:

Kira, 33 Jahre, Gründerin der SoulFood Journey (@soulfoodjourney.de), einer Plattform zur Nachsorge in der Behandlung von Essstörungen, erzählt, wie ihr die Erkenntnis, dass es bei der Beziehung zu ihrem Körper um die wichtigste Beziehung zu ihr selbst geht, geholfen hat, wohlwollend mit ihm umzugehen.

Kimberly, 26 Jahre, Content-Kreatorin und YouTuberin zu den Themen »Mentale Gesundheit« und »Essverhalten« (@justkimbrly) betont wie bedeutsam es für sie gewesen ist, sich einen »Safe Space« zu erschaffen, in dem sie sich »normal« fühlt – unabhängig von der vermeintlichen Norm.

Marlon, 22 Jahre, Psychologie-Student und Aktivist zu Körperakzeptanz und Ableismus, betrachtet chronische Erkrankungen als eine weitere Lebenswelt; sein Stoma, Narben und medizinische Hilfsmittel haben für ihn selbst keinen Einfluss auf sein Schönheits- und Wohlbefinden in seinem Körper.

Fine, 33 Jahre, international bekanntes Model (@fine.bauer) kämpft für mehr Inklusion in der Modewelt. Sie berichtet von ihrem Weg zu einer Verbundenheit mit sich selbst und davon, wie ihr Humor und Spiritualität dabei geholfen haben.

Rebecca, 29 Jahre, Content-Kreatorin zu den Themen Körper, Selbstakzeptanz und Verletzlichkeit (@rebeccachelbea) zeigt auf, wie es ihr gelungen ist, selbstbewusst zu Körperbehaarung und ihrer natürlichen Seite zu stehen.

Alex, 23 Jahre, Skinfluencer und Gründer der Firma slean (@akne.alex) möchte eine Gemeinschaft schaffen, in der offen über Hautprobleme und die damit verbundenen Gefühle gesprochen werden kann – genau das was er sich in seiner tiefsten Phase des Körperhasses gewünscht hätte.

Luisa (»Lulu«), 21 Jahre, Content-Kreatorin und Autorin zum Thema Selbstliebe (@selbst__verliebt) berichtet, wie sie es durch eine tägliche Reflexion ihrer Gedanken geschafft hat, sich selbst so anzunehmen, wie sie ist.

Du findest die gesamten Kurzinterviews von Kira, Kimberly, Marlon, Fine, Rebecca, Alex und Luisa auf dem YouTube-Kanal auf https://balance-verlag.de/beyoutiful/. Schau mal rein, und lass dich von ihren so wertvollen Botschaften berühren.

DU SCHAFFST DAS AUCH!

Du hast nun erfahren, dass jeder Mensch eine Haltung zu seinem eigenen Körper zu finden versucht. Prominente Schauspieler und Musiker haben offen berichtet, wie es ihnen gelungen ist, wohlwollender mit ihrem Körper umzugehen, zu ihm und ihrem Style zu stehen – und das, obwohl sie im Rampenlicht stehen und sie von vielen Menschen beäugt werden. Im vorherigen Kapitel hast du einige Körperaktivistinnen und -aktivisten kennengelernt, die sich selbstbewusst für Körperakzeptanz und die Vielfalt von Körpern einsetzen: Für sie alle ist dieses Thema ein sehr persönliches und gerade deshalb auch so bedeutsam. Sie alle möchten dir vermitteln: Du schaffst das auch!

Tatsächlich kann das auch die Wissenschaft bestätigen: In einer Überblicksarbeit über mehrere Studien hinweg zeigte sich, dass gezielte Übungen zu einer Verbesserung der Wertschätzung des eigenen Körpers und des Körperbewusstseins bei Jugendlichen führte (Guest u. a. 2022). Besonders hilfreiche Übungen unterstützten Jugendliche dabei, sich kritisch mit dem vermeintlichen Schönheitsideal auseinanderzusetzen, z.B. indem sie sich die Kosten bewusst machten, die mit dem Streben nach dem Schlankheitsideal verbunden sind, oder indem sie in Rollenspielen mit Gleichaltrigen ungünstige Gedanken zum eigenen Körper diskutierten.

In dem nächsten Kapitel kannst du dich deshalb z.B. mit deiner Überkompensation und deinem Streben nach einem perfekten Aussehen auseinandersetzen und die Vor- und Nachteile für eine Veränderung abwägen. Später liegt der Fokus auf der Bearbeitung deiner Gedanken-Komponente – du lernst deine grundlegenden Annahmen über deine Person und die Bedeutung des Körpers und Aussehens kennen, die du aufgrund deiner Körperbildgeschichte entwickelt hast, und du erfährst, wie du diese Annahmen und typischen Gedanken hinterfragen und letztlich auch verändern kannst.

Es gibt viele Belege dafür, dass bei ausgeprägter Körperunzufriedenheit insbesondere Übungen wirksam sind, bei denen man sich mit dem eigenen Körper vor einem Ganzkörperspiegel konfrontiert (Butler & Heimberg, 2020; Jansen u. a. 2016; Tanck u. a. 2022). Das wirkt möglicherweise erst mal etwas abschreckend auf dich. Jugendliche in der Ambulanz fragen manchmal irritiert: »Wie soll das denn helfen? Wenn ich mich ganz anschaue, spüre ich doch nur Scham und Ekel. Das wird doch dann alles nur schrecklicher!« Wenn du ein paar Regeln beachtest, ist allerdings genau das Gegenteil der Fall – die unangenehmen Gefühle lassen mit der Zeit nach, und ein neutraler oder sogar irgendwann ein wohlwollender Blick in den Spiegel wird dir deutlich leichter fallen. Wir erklären dir die Hintergründe und die Vorgehensweise ausführlich in »You will make it: Körperkonfrontation«, Seite 114.

Leider wurden die meisten Studien bisher meist nur an erwachsenen Frauen mit Essstörungen oder ausgeprägter Körperunzufriedenheit durchgeführt. Eine gezieltere Erforschung von hilfreichen Übungen für betroffene Jugendliche zur Verbesserung der Zufriedenheit mit dem eigenen Körper wäre wünschenswert. In die Übungen, die wir dir vorstellen, sind über die Zeit jedoch viele wertvolle Rückmeldungen von Jugendlichen aus unserer Ambulanz eingeflossen, sodass ihre Wirksamkeit immer weiter gesteigert werden konnte. Wir hoffen und wünschen dir sehr, dass dich diese Übungen auf deinem Weg weiterbringen.

Stellvertretend berichten zudem Mika, Laura, Amira, Paul, Kasim und Marisa von ihren Erfahrungen mit den Übungen. Du bist auch herzlich eingeladen, uns von deinen Erkenntnissen zu berichten *(beYOUtiful@balance-verlag.de)*. Wir sind fest davon überzeugt, dass du selbst am besten weißt – wenn du ganz tief in dich hineinhörst und ehrlich zu dir bist –, was dir auf dem Weg zur mehr Zufriedenheit mit deinem Körper hilft.

KEIN WEG IST ZU WEIT, WENN MAN IHN GEMEINSAM GEHT

Zum Heilungsprozess gehört dazu, dass du lernst, dich Menschen anzuvertrauen, bei denen du dich wohlfühlst und die dir am Herzen liegen – das können deine Eltern, eine gute Freundin oder ein guter Freund, deine Partnerin oder dein Partner, ein entfernter Cousin, die ältere Nachbarin, die es gut mit dir meint, aber natürlich auch erwachsene Ansprechpersonen aus deiner Schule oder dem Gesundheitssystem sein.

Selbstverständlich ist es jedem Menschen selbst überlassen, was und wie viel er von sich preisgeben möchte. Das Teilen von Unsicherheiten und Ängsten bezüglich des eigenen Körpers mit vertrauensvollen Mitmenschen kann jedoch als sehr befreiend und wertvoll erlebt werden. Wenn du unter einer Körperbildstörung im Rahmen einer Essstörung oder körperdysmorphen Störung (KDS) leidest, kann das möglicherweise bei den Menschen in deinem näheren Umfeld zu viel Aufregung, Belastung und zu massiven Schuldgefühlen führen. Zum Beispiel dann, wenn deine Eltern die gemeinsamen Mahlzeiten mit dir als belastend wahrnehmen, weil die, wegen deiner Angst zuzunehmen, immer im Streit um die Anzahl der Kalorien enden. Wenn du wiederholt Treffen absagst, auf Nachrichten nicht reagierst und wenig verlässlich als Freundin oder Freund bist, weil du dich gerade in deinem Körper nicht wohlfühlst und gedanklich um deine vermeintlichen Makel kreist. Oder wenn du deine Partnerin oder deinen Partner zurückweist, weil du dich nicht umarmen lassen möchtest. Sexualität kann dabei eine besondere Herausforderung darstellen: Vielleicht erträgst du den Gedanken nicht, dass dich jemand nackt sehen oder gar berühren könnte. Manchmal kommt noch eine generelle Angst hinzu, einem anderen

Menschen zu nahe zu kommen, oder du hast in deiner Familie gelernt, dass sexuelle Bedürfnisse beschämend sind.

Wenn deine engsten Mitmenschen nichts oder nur wenig von deiner Unzufriedenheit mit deinem Aussehen, deiner Figur oder deinem Körpergewicht wissen, können sie dein Verhalten nur schwer nachvollziehen und verstehen. Da deine Wahrnehmung hinsichtlich deiner Körpermaße oder bestimmter Körperaspekte möglicherweise verzerrt ist, haben sie vielleicht auch Schwierigkeiten, sich in dein Leid einzufühlen. Dann haben sie womöglich auch wenig Verständnis für dich und geben dir unpassende Ratschläge. Eure Beziehung könnte sich deutlich verbessern, wenn sie mehr von deinem Problem wüssten. Deine Selbstöffnung könnte ein Geschenk an dein Gegenüber bedeuten. Unterschätze nicht, welch wichtige Botschaft du damit aussendest und beim anderen ankommen kann: »Du bist für mich wichtig, und ich vertraue dir.« Denk mal darüber nach, wie es dir geht, wenn sich eine Freundin oder ein Freund öffnet und mit dir über ihre oder seine Unsicherheiten spricht. Was denkst du, und was fühlst du? Sich über Verletzlichkeiten auszutauschen, schafft Nähe und kann eine Beziehung vertiefen. Überlege dir, worin deine persönlichen Vor- und Nachteile liegen könnten, wenn du dich anderen Menschen anvertraust.

Selbst Menschen, die dir eigentlich sehr nahe sind, können von außen nur schwer einschätzen, wie stark du durch deine Körpersorgen belastet bist. Zudem fehlt ihnen oftmals Hintergrundwissen zu den vier Komponenten des Körperbilds oder zu der Entstehung von Körperbildstörungen. Hab daher auch etwas Nachsicht mit ihnen, wenn sie dir deine Sorgen womöglich zunächst ausreden wollen. Typische erste Aussagen könnten sein: »Deine Nase sieht doch total normal aus, du musst dir da gar keine Sorgen machen« oder »Du bist doch nicht dick, schau mal, wie stark ich zugenommen habe«. Es ist daher entscheidend, dass du der Person, der du dich anvertraust, so genau wie möglich sagst, wie sie dir helfen kann bzw. was dir guttun würde. Anliegen, die direkt und präzise formuliert sind, können dazu beitragen, Missverständnisse zu umgehen. Je klarer du formulierst, was du brauchst, desto besser kann die Person auf dich eingehen. Versuche, deine Wünsche auch immer positiv zu formulieren, z.B. so: »Es würde mir sehr helfen, wenn du mir einfach zuhörst und meine Sorgen ernst nimmst, selbst wenn du es anders siehst« oder »Ich wünsche mir, dass du meine Sorgen erst mal für dich behältst und mich nicht weiter darauf ansprichst« oder »Für mich wäre ganz wichtig, dass du mir nicht ungefragt Ratschläge gibst. Ich komme auf dich zu, wenn ich deine Unterstützung brauche«.

Amira, 17, »Wenn ich zurückblicke, denke ich, dass meine Freundin mich schon sehr darin unterstützt hat, dass ich mich heute in meinem Körper wohler fühle. Alleine dadurch, dass sie sich mir auch geöffnet und erzählt hat, wie sehr sie sich manchmal für ihre großen Brüste schämt und an ihren Hautunreinheiten verzweifelt. Wir haben dann beschlossen, uns gegenseitig auf dem Weg zu mehr Selbstliebe zu supporten! Wenn ich wieder mal davon geredet habe, wie fett ich bin, hat sie mich unterbrochen und Partei für mein verletzliches inneres Kind ergriffen. Sie hat mir ins Gewissen geredet und gesagt, ›Dein innerer Kritiker hat so was von unrecht, ich finde dich hübsch, so wie du bist. Und eigentlich ist es mir auch total egal, wie du aussiehst, ich schätze dich sehr!‹ In dem Moment konnte ich ihre Wertschätzung nicht annehmen, aber mit der Zeit ist es mir immer besser gelungen, ihre Botschaft stehen zu lassen, ohne zu widersprechen. Dafür bin ich meiner Freundin dankbar – und auch mir selbst: Für meinen Weg war es so wichtig, dass ich ihr von meiner Unzufriedenheit mit meinem Aussehen erzählt habe.«

Paul, 14, »Es war eine große Überwindung für mich, mich meinen Freunden anzuvertrauen. Bei mir kommt dann schnell die Sorge, dass sie denken könnten, ich würde jemanden brauchen, aber ich möchte mich nicht abhängig machen. Mit meinem Therapeuten aus der Beratungsstelle habe ich über diese Befürchtung gesprochen – er meinte, dass wir alle auf andere Menschen angewiesen sind und jeder jemanden braucht. Das hat mir sehr zu denken gegeben. Ich habe dann einem Kumpel erzählt, wie unwohl ich mich manchmal mit meinem Gewicht fühle und dass ich denke, dass nur supersportliche Typen bei Mädels gut ankommen. Wir haben dann mit seiner älteren Schwester darüber gesprochen, was Frauen als attraktiv empfinden. Sie meinte, viele ihrer Freundinnen würden überhaupt nicht auf Muskeln stehen, sondern fänden sogar kräftige Männer mit Bauch cool, weil sie sich bei denen besser ankuscheln könnten und mehr Halt und Sicherheit bekämen. Sie hat auch noch viele Eigenschaften aufgezählt, die ein Partner aus ihrer Sicht haben sollte: liebevoll und verständnisvoll zu ihr sein, sie zum Lachen bringen und gemeinsam mit ihr neue Dinge ausprobieren. Das hat gutgetan, so was zu hören.«

Wenn du deine Eltern, eine Freundin oder einen Freund, deine Partnerin oder deinen Partner auf deinem Weg zu mehr Körperzufriedenheit mitnehmen möchtest, kannst du ihnen auch die Broschüre »Was Angehörige und Freunde tun können« aus dem Downloadbereich zum Buch zu lesen geben (oder gleich den ganzen Ratgeber).

HOLE DIR PROFESSIONELLE UNTERSTÜTZUNG

Wenn du sehr unter deinen körperbezogenen Sorgen und Unsicherheiten leidest und verschiedene Lebensbereiche dadurch stark beeinträchtigt sind, könnte bei dir eine Körperbildstörung vorliegen (siehe auch den Abschnitt »Kennst du den Teufelskreis des negativen Körperbilds?«, Seite 60). Möglicherweise geht die Körperbildstörung auch mit anderen psychischen Problemen einher, z.B. mit einem stark eingeschränkten Essverhalten oder mit einer depressiven Stimmung. Möglicherweise bist du aber auch unsicher, wie stark dich deine Körperunzufriedenheit belastet und ob eine therapeutische Unterstützung überhaupt notwendig ist. In jedem Fall ist es ratsam, dir professionelle Hilfe zu suchen und dich beraten zu lassen. Das kostet verständlicherweise viel Überwindung und ist bestimmt mit zahlreichen Befürchtungen verbunden.

Der erste Schritt ist, sich einzugestehen, dass man sich belastet fühlt durch seine ständige Unzufriedenheit mit dem Körper und gerade nicht mehr weiterkommt. Das schmerzt – insbesondere, wenn du möglicherweise Annahmen verinnerlicht hast, die dich veranlassen zu denken, du müsstest stark sein und alles (perfekt) alleine hinbekommen. Wir möchten dich in diesem Kapitel über mögliche Unterstützungsangebote aufklären und Bedenken aus dem Wege räumen. Zudem erzählen dir Laura, Amira und Paul, wie sie sich Unterstützung gesucht haben.

Es gibt mittlerweile ziemlich viele gut ausgebildete Fachleute, die junge Menschen bei der Bewältigung von psychischen Problemen unterstützen. Der folgende Überblick soll dir dabei helfen, die Unterstützung zu erhalten, die dich wirklich weiterbringt.

Ansprechpartnerinnen und -partner in der Schule → An vielen Schulen gibt es Verbindungs- oder Vertrauenslehrerinnen und -lehrer, die von den Schülerinnen und Schülern in der Schülervertretung gewählt werden. Grundsätzlich kannst du dich aber auch an jede Lehrkraft wenden, die dir vertrauensvoll erscheint und die du besonders magst. An einigen Schulen gibt es mittlerweile auch Schulsozialarbeiterinnen oder Schulsozialarbeiter, die du aufsuchen kannst. Du kannst jederzeit an ihre Bürotür klopfen und von deinen körperbezogenen Sorgen oder weiteren Unsicherheiten berichten. Sie bieten dir vertrauliche Gespräche an und überlegen mit dir dann gemeinsam, was dir helfen könnte. Wenn du den Eindruck hast, das

Thema Körperbild beschäftigt auch viele deiner Mitschülerinnen und Mitschüler, könntest du die Ansprechpartnerinnen und -partner in deiner Schule auch dazu anregen, ein Präventionsprogramm mit euch im Klassenverbund durchzuführen – beispielsweise das Programm MaiStep, das Mainzer Schultraining zur Essstörungsprävention, oder einen Schülerworkshop mit Materialien des Dove Projekts für mehr Selbstwertgefühl.

Zudem kannst du dich auch an die Schulpsychologinnen und Schulpsychologen vom Schulpsychologischen Dienst des zuständigen Schulamtes wenden. Diese Psychologinnen und Psychologen arbeiten meist schulübergreifend, können aber auch von dir direkt, deinen Eltern oder deinen Lehrerinnen und Lehrern zur Beratung kontaktiert werden (Kontaktadressen findest du auf der Homepage des Schulministeriums deines Bundeslandes).

Ansprechpartnerinnen und -partner in Beratungsstellen → ProFamilia und Caritas bieten meist in jeder größeren Stadt Beratung für Kinder und Jugendliche (und ihre Eltern) zu Lebensfragen, Sexualität, Identitätsvielfalt und anderen Problemen an. Dort arbeiten ausgebildete Beraterinnen und Berater, meist sind es Sozialarbeiterinnen und Sozialarbeiter. Zudem gibt es spezielle Onlineberatungen für junge Menschen z.B. bei der Caritas (https://www.caritas.de/hilfeundberatung/onlineberatung/kinder-jugendliche/) oder bei ProFamilia (https://profamilia.sextra.de/). Darüber hinaus gibt es spezielle Beratungsstellen für Betroffene mit Essstörungen, körperdysmorphen Störungen und Muskelsucht. Das Beratungsangebot ist immer kostenlos. Die dortigen Ansprechpartnerinnen und -partner können dir dabei helfen, deine Probleme zu sortieren und erste Lösungsschritte zu erarbeiten. Sollte eine psychotherapeutische Behandlung für dich sinnvoll sein, unterstützen sie dich dabei, einen Therapieplatz zu suchen.

Kinderärztliche oder hausärztliche Praxis → Deine Ärztin oder dein Arzt kann eine sehr gute erste Anlaufstelle sein. Insbesondere bei starken Gewichtszunahmen, -abnahmen oder -schwankungen solltest du sie oder ihn unbedingt kontaktieren. Sie oder er kann dich umfassend untersuchen, um abzuklären, ob deine körperbezogenen Sorgen möglicherweise auf körperlichen Erkrankungen beruhen. Im Anschluss erhältst du eine Empfehlung für weitere Schritte. Sie oder er kennt sich meist auch gut aus mit speziellen Unterstützungsangeboten in der Umgebung und kann dir helfen, die für dich passende Unterstützung zu finden (z.B. Spezialambulanzen für Essstörungen oder KDS, zertifizierte Ernährungsberaterinnen und -berater oder Bewegungsberaterinnen und -berater).

Kinder- und jugendpsychiatrische Ambulanz, Psychiatrische Ambulanz → Kliniken für Kinder- und Jugendpsychiatrie, -psychosomatik und -psychotherapie bieten neben einer stationären Versorgung (d.h. du befindest dich für deine Behandlung in der Klinik und übernachtest auch dort) auch ein ambulantes Angebot (d.h. du kommst für eine Therapiestunde in die Klinik, übernachtest aber zu Hause) an. Dort kannst du eine umfangreiche Testung machen, um festzustellen, ob bei dir eine oder mehrere psychische Erkrankungen vorliegen. Im Anschluss wirst du dann beraten, was du tun kannst, damit es dir besser geht, und es werden Empfehlungen für weiterführende Schritte ausgesprochen (z.B. könnte dir empfohlen werden, eine ambulante Therapie zu beginnen oder bestimmte Psychopharmaka zu nehmen). Es ist auch möglich, sogenannte stützende Gespräche in regelmäßigen Abständen zu vereinbaren. Genauso kann es Spezialsprechstunden oder -ambulanzen für Essstörungen oder KDS an einer Klinik in deiner Wohnortnähe geben – frag dazu am besten deine Kinderärztin bzw. Hausärztin oder deinen Kinderarzt bzw. Hausarzt, aber auch Google kann dir hier weiterhelfen.

Praxis für Kinder- und Jugendlichenpsychotherapeutie oder Psychologische Psychotherapie → In der eigenen Praxis (Einzelpraxis oder Gemeinschaftspraxis) oder in einem medizinischen Versorgungszentrum (MVZ) arbeiten approbierte Kinder- und Jugendlichenpsychotherapeutinnen und -therapeuten, sie behandeln Kinder und Jugendliche bis zur Vollendung des 21. Lebensjahres. Wenn du bereits 18 Jahre alt bist, solltest du dich an eine psychologische Psychotherapeutin oder einen psychologischen Psychotherapeuten wenden. Es wäre gut, wenn sich deine Therapeutin oder dein Therapeut in der Behandlung von Körperbildstörungen (und Essstörungen oder KDS) auskennt (meist findest du auf deren Webseite die Behandlungsschwerpunkte aufgelistet) – wenn du dir unsicher bist, ob das der Fall ist, frag unbedingt nach.

Im Rahmen einer Psychotherapie triffst du dich in der Regel einmal pro Woche für 50 Minuten über mehrere Monate (Kurzzeittherapie) oder Jahre (Langzeittherapie) hinweg mit deiner Therapeutin oder deinem Therapeuten. Nach einer ausführlichen Diagnostikphase werdet ihr zu Therapiebeginn gemeinsam herausarbeiten, wie deine Körperbildstörung entstanden ist und was sie aufrechterhält. In der Veränderungsphase werdet ihr Strategien entwickeln und einüben, die dir helfen, zufriedener mit deinem Körper zu werden. Zu Therapieende werdet ihr alle Inhalte wiederholen und Strategien erarbeiten, um Rückfälle in alte Einstellungs- und Verhaltensmuster zu verhindern. Die Kosten für die Therapiesitzungen werden von der Krankenkasse übernommen.

Grundsätzlich müssen deine Eltern ihr Einverständnis zur Therapie geben (außer wenn du dich durch deine Eltern bedroht fühlst, z.B. weil du grenzüberschreitende Erfahrungen in deinem direkten Familienumfeld machst). Wenn du bereits 15 Jahre alt bist, kannst du auch ohne Wissen deiner Eltern eine Therapie beginnen – das funktioniert allerdings nur, wenn du gesetzlich versichert bist. Je älter du bist, desto weniger werden deine Eltern in die Therapie einbezogen. Die Therapeutin bzw. der Therapeut hat zudem eine Schweigepflicht – was du ihr oder ihm anvertraust, muss sie oder er für sich behalten (es sei denn, du bist selbst- oder fremdgefährdet, weil du starke Suizidimpulse hast oder weil du das Leben einer anderen Person bedrohst).

Psychotherapeutische Ambulanz für Kinder und Jugendliche oder Erwachsene → In einer Psychotherapeutischen Ambulanz für Kinder und Jugendliche arbeiten meistens viele Therapeutinnen und Therapeuten, die recht neu in ihrem Beruf oder noch in Ausbildung sind. Da ihr therapeutisches Arbeiten engmaschig von erfahrenen Kolleginnen und Kollegen begleitet wird, entsteht daraus kein Nachteil für dich. Die Therapie gestaltet sich hier genauso wie bei den niedergelassenen Therapeutinnen und Therapeuten. Oftmals haben die Psychotherapeutischen Ambulanzen größere Kapazitäten, sodass es sich immer lohnt, sich dort auf die Warteliste setzen zu lassen. Wenn du 18 Jahre oder älter bist, solltest du dich direkt an die psychotherapeutische Ambulanz für Erwachsene wenden.

WUSSTEST DU DAS? Es gibt auch Beratung über Chat! Vielleicht fällt es dir im ersten Schritt leichter, wenn du per WhatsApp deine Sorgen mitteilst und nicht direkt darüber sprechen musst. Der Krisenchat bietet ein kostenloses Beratungsangebot unter der Nummer 01573 5998143 für junge Menschen bis 25 Jahre rund um die Uhr an.

> **Laura, 16,** »Ich hatte mich zuletzt nur noch mit meinen Eltern gestritten. Es gab keine Mahlzeit mehr, bei der nicht ich oder meine Mutter, den Tränen nahe, vorzeitig den Tisch verlassen hat. Sie haben mich gezwungen zu essen. Mein Vater hat mir mein Handy weggenommen und meinen Insta-Account kontrolliert. Das führte dazu, dass ich mich nur noch um so verbundener mit meiner Thinspo-Community fühlte. Obgleich ich schon irgendwie wusste, dass das nicht gut für mich war. Ich hatte zwar kurzfristig ein Hoch, wenn die Zahl auf der Waage nach unten ging, aber dennoch ich zog mich immer stärker in mein Kinderzimmer zurück und war sehr oft traurig und verzweifelt. Als mir eine Freundin rückmeldete, dass ich mich total verändert habe und sie sehr ent-

täuscht sei von unserer Freundschaft, war mir klar – da muss sich was ändern. Die Frage war nur, was. Und ich wollte das ohne meine Eltern hinbekommen. So kam es, dass ich meine Deutschlehrerin angesprochen habe, die ich sehr mochte. Sie war verständnisvoll und vermittelte mir den Kontakt zu einem Schulsozialarbeiter. Der hat mich dabei unterstützt, einen ambulanten Therapieplatz bei einer Therapeutin zu finden, die auf die Behandlung von Anorexie spezialisiert war. So ging es Schritt für Schritt weiter.

Es hat lange gedauert, bis ich mich richtig einlassen konnte. Ich glaube, ich war auch ziemlich bockig zu Beginn und habe es der Therapeutin nicht leicht gemacht. Sie hatte aber auch dafür Verständnis und hat an mich geglaubt. Sie hat mir geholfen, meine Gedanken und Gefühle zu verstehen. Irgendwann war ich dann bereit, tatsächlich zuzunehmen. Mit jedem Kilo, das ich zugenommen habe, wurde der Hass auf meinen Körper erst mal stärker – das war richtig schlimm. Wir haben dann sehr viel an meinem Blick auf den Körper gearbeitet, und ich habe eine Art Waffenstillstand mit meinem Körper vereinbart – das war ein wichtiger Schritt für mich.«

Was Laura beschreibt, ist übrigens ein häufiges Phänomen bei der Behandlung von Essstörungen, aber auch anderen psychischen Erkrankungen – wenn du im Rahmen der Therapie an Gewicht zunehmen musst (weil du im Untergewicht bist) oder zunimmst (weil du beginnst entsprechend deinem Hunger und deiner Sättigung zu essen), wächst die Unzufriedenheit mit dem Körper erst mal. Therapeutinnen und Therapeuten verweisen dann meist darauf, dass die Behandlung erst dann beendet wird, wenn du dich an deinen veränderten Körper gewöhnt und vielleicht sogar mit ihm ein Stück weit angefreundet hast und sie dich bis dahin bestmöglich unterstützen. Wenn du dir unsicher bist, wie deine Therapeutin oder dein Therapeut das handhabt, frag unbedingt nach, und bitte darum, dass eine Körperbildarbeit in die Behandlung zu integrieren. Es ist DEINE Therapie, und du darfst selbstverständlich bestimmen, welche Therapieziele ihr in Angriff nehmt. Du hast Unterstützung verdient auf deinem Weg zu mehr Körperzufriedenheit.

Paul, 14, »Ich habe allen Mut gefasst und mich mit meinem Kinderarzt über mein Gewicht und meine Unzufriedenheit unterhalten. Ich bin einfach vorbeigegangen, habe am Empfang gesagt, dass ich unbedingt mit ihm reden muss, und mich ins Wartezimmer gesetzt. Wahrscheinlich bin ich dabei total rot angelaufen, und mega aufgeregt war ich auch. Aber die Überwindung hat sich gelohnt: Er hat sich viel Zeit genommen und mir zugehört. Er hat mir gesagt, dass er mir helfen wird und dass wir erst mal körperlich alles abklären. Tatsächlich hat er eine ganz leichte Schilddrüsenunterfunktion festgestellt – seitdem muss ich ein Medikament in geringer Dosierung nehmen. Er meinte auch, dass ich vermutlich eine untypische Form der Binge-Eating-Störung habe, weil ich nicht regelmäßig große Essanfälle habe, sondern mehr esse, wenn es mir nicht gut geht, was dann schon auch unkontrolliert ist. Dann hat er mir noch dabei geholfen, dass ich zu einer Ernährungsberaterin gekommen bin.

Dort habe ich begonnen, Ernährungsprotokolle auszufüllen und gelernt, regelmäßig und vielseitiger zu essen – und zu unterscheiden, wann ich wirklich Hunger habe und wann ein anderes Bedürfnis dahintersteckt. Die Ernährungsberaterin hat mir empfohlen, mich noch bei einer Beratungsstelle vorzustellen, um an meinem Selbstwert zu arbeiten. Da hatte ich Gespräche bei einem sehr coolen Berater, der eine therapeutische Zusatzausbildung hat, ich mochte ihn direkt – wir haben ganz viel über meine ungünstigen Gedanken und Erinnerungen gesprochen, die dazu geführt haben, dass ich mich so schnell für meinen Körper geschämt habe. Und wir haben kleinere Übungen zusammen gemacht, z.B. sind wir zusammen ins Schwimmbad gegangen oder ich musste mich auffällig anziehen, und wir haben meine Befürchtungen hinterfragt. Das war nicht einfach, aber so habe ich gelernt, selbstbewusster aufzutreten.«

ONLINE TIPP Oft geht ein langer Prozess voraus, bis man die erste Kontaktaufnahme für eine Unterstützung wagt. Das Gefühl von Scham kann dich davon abhalten, weswegen ein behutsames Herantasten sinnvoll ist. Von »Auf Klo« (TikTok @aufklo) gibt es die Folge »Therapie: Hilft das wirklich?«. Es ist sehr berührend, von so vielen junge Menschen zu hören, wie offen sie von ihrem Weg in die Psychotherapie berichten. Wenn du dir unsicher bist, ob eine ambulante Therapie auch etwas für dich sein könnte, schau mal rein: https://www.youtube.com/watch?v=Jld_yo6AEQg
Und wenn du dir sicherer bist: Im Downloadbereich zum Buch findest du weitere Informationen, wie es dir gelingen kann, Bedenken zu überwinden und eine Psychotherapie zu beginnen (INFO 2).

Amira, 17, »Meine größte Sorge war, dass meine Eltern davon erfahren könnten, dass ich ein Problem habe und zur Therapie gehen will. Und da wir privatversichert sind, wusste ich, dass meine Eltern die Kostenübernahme bei der Versicherung veranlassen müssen. Das war also eine Sackgasse, aus der ich nicht rauskam. Was tun? Ich kannte ein Mädchen aus meiner Parallelklasse, die zur Therapeutin ging – ich hab sie um Rat gefragt. Sie hat mir die Adresse ihrer Kinder- und Jugendlichenpsychotherapeutin gegeben. Auf deren Webseite waren telefonische Sprechzeiten angegeben – ich habe sie angerufen, und wir haben gemeinsam überlegt, wie ich es meinen Eltern am besten sagen kann. Das hat geklappt!

Obwohl ich mich von Anfang bei ihr wohlgefühlt habe, hat es sehr lange gedauert, bis ich ihr wirklich von allen meinen ›Problemzonen‹ erzählen konnte. Ich habe dann die Diagnose KDS bekommen, und mich so wiedererkannt in dieser Diagnose. Wir haben dann ganz viele Übungen gemacht, bei denen ich mich mit meinen Gefühlen auseinandersetzen musste. Manchmal erwische ich mich noch dabei, dass ich nach irgendwelchen Schönheits-OPs google oder längere Zeit vorm Spiegel stehe und mich ›untersuche‹. Aber es ist schon viel besser geworden, andere Dinge sind mir im Leben zum Glück wichtiger geworden.«

Du entscheidest selbst, ob du dir Hilfe holen willst. Denn nur wenn du auch bereit bist, Hilfe anzunehmen, kann dir eine andere Person – sei es der Vertrauenslehrer, die Kinderärztin oder eine Therapeutin oder ein Therapeut – helfen. Am Ende des Buches findest du zahlreiche Adressen zu Beratungs- und Therapieangeboten, die dich auf deinem Weg unterstützen können.

NOCH MAL DAS WICHTIGSTE IN KÜRZE

- Die Kosten für ein Leben in der Warteschleife, aus Angst, jemand könnte deinen Körper beurteilen, können enorm sein. Deine Werte – deine Herzensangelegenheiten – geben dir Orientierung auf deinem Weg raus aus dieser Warteschleife. Finde heraus, worauf es dir wirklich im Leben ankommt.
- Dein Körper begleitet dich dein gesamtes Leben lang. Es lohnt sich, dafür zu kämpfen, ihn wohlwollender und vielleicht irgendwann sogar freundlich betrachten zu können.
- Get inspired! Es gibt bereits eine Menge Vorbilder auf Social Media, die dich auf deinem Weg inspirieren können – wähle bewusst aus, wer dir guttut und wer nicht.
- Studienergebnisse geben uns viel Hoffnung: Übungen zum Schönheitsideal und Körperbild führen dazu, dass junge Menschen ihren Körper (wieder) mehr wertschätzen und generell zufriedener mit dem eigenen Körper werden. Du schaffst das auch!
- Sich anderen Menschen anzuvertrauen, ist Teil deines Heilungsprozesses. Um Missverständnisse zu vermeiden, solltest du deinem engsten Umfeld so genau wie möglich erklären, wie du deinen Körper wahrnimmst und wie sie dir helfen können.
- Es gibt viele Experten, die dich auf deinem Weg weiterbringen können. Sollte bei dir eine Körperbildstörung vorliegen, kann dir auch eine Psychotherapie sehr gut helfen. Hinterfrage mögliche Bedenken und trau dich: Du bist es wert, dass es dir besser geht.
- Feiere dich für jeden noch so kleinen Schritt auf deinem Weg in Richtung einer größeren Körperzufriedenheit – es ist nicht einfach und du machst das gut.

WIE DU DIR SELBST HELFEN KANNST

In diesem Kapitel lernst du verschiedene Einflussmöglichkeiten kennen, wie du deinen Teufelskreis des negativen Körperbildes durchbrechen kannst. Konkrete Übungen werden dir insbesondere helfen, deinen inneren Kritiker zum Schweigen zu bringen und heilsam auf deinen verletzlichen inneren Anteil einzuwirken. Dann kann es dir auch gelingen, dich mit deinem Körper und allen damit verbundenen Gefühlen zu konfrontieren und wohlwollender auf ihn zu blicken – mit der wachsenden Erkenntnis, dass du so viel mehr bist als schön, schlank oder muskulös – BeYOUtiful eben!

DEN TEUFELSKREIS DES NEGATIVEN KÖRPERBILDES DURCHBRECHEN

Du hast nun bereits die vier Komponenten des Körperbilds kennengelernt und weißt, unsere Unzufriedenheit mit unserem Körper drückt sich in vier Komponenten aus: Wahrnehmung, Gedanken, Gefühle und Verhalten. Jeder Mensch hat ganz individuelle aktivierende Ereignisse, wie z.B. ein Lachen hinter deinem Rücken, ein Blick in den Spiegel beim Zähneputzen, ein abschätziger Kommentar zu deiner neuen Frisur, eine, aus deiner Sicht, zu geringe Anzahl an Likes für deinen neuen Post oder einfach eine schlechte Stimmung. Alle diese Ereignisse können deine vier Komponenten aktivieren.

Obendrein verstärken sich diese Komponenten gegenseitig und halten deine Körperunzufriedenheit aufrecht. Wir reden in diesem Zusammenhang von einem Teufelskreis des negativen Körperbilds – einen deiner Teufelskreise hast du vielleicht schon auf dem ARBEITSBLATT 4, »Wieso bleibe ich so unzufrieden mit meinem Körper?«, beschrieben. Vor dem Hintergrund deiner individuellen Lebensgeschichte (ARBEITSBLATT 3, »The Story of my Body«) macht es Sinn, dass du Verhaltensweisen, genauer gesagt Bewältigungsanteile, entwickelt hast, um deine innere Verletzlichkeit zu schützen (ARBEITSBLATT 5, »Wovor schützen mich Minirock, Rückzug oder ein Sich-Fügen?«). Wenn du dich mit diesen drei Arbeitsblättern noch nicht auseinandergesetzt hast, hole es am besten nach, bevor du mit diesem Kapitel beginnst.

Viel Hoffnung machen uns zahlreiche Studienergebnisse und unsere Erfahrungen aus der Praxis. Sie zeigen, dass wir an jeder einzelnen Komponente ansetzen können. Die konkreten Übungen sollen dich ermutigen, die jeweiligen Einflussmöglichkeiten direkt auszuprobieren.

WUSSTEST DU DAS?

Aus unserer Arbeit mit Patientinnen und Patienten wissen wir, dass es sinnvoll sein kann, Übungen für einen gewissen Zeitraum auszuprobieren – als eine Art Experiment –, auch wenn du möglicherweise zu Beginn von der Übung nicht ganz überzeugt bist. Du hast vollkommen recht – nicht jede Übung hilft jeder Person gleichermaßen, dafür ist jede Körperbildgeschichte zu individuell. Allerdings wirst du, ohne es auszuprobieren, nicht herausbekommen, ob dir die Übung auf deinem Weg zu mehr Körperzufriedenheit helfen könnte. Bist du bereit zu überprüfen, ob sich positive Veränderungen durch die Übungen ergeben? Dann los, TSCHAKKA!

LERNE DEINE KÖRPERBEZOGENEN BEFÜRCHTUNGEN KENNEN

Als Erstes werden Möglichkeiten dargestellt, wie du an der Gedanken-Komponente deines Teufelskreises ansetzen kannst. Hinter deinen körperbezogenen Befürchtungen können typische Denkmuster stecken, die einen ungünstigen, negativen Blick auf den eigenen Körper aufrechterhalten. Diese Denkmuster umfassen deine typischen Gedanken in einer bestimmten Situation, Denkverzerrungen und grundlegende Annahmen über deinen Körper, das Aussehen und dich selbst.

Viele deiner grundlegenden Annahmen, auch »Grundannahmen« genannt, entstammen schmerzhaften Erfahrungen, bei denen du möglicherweise Kritik, Ablehnung, Hänseleien oder Ausgrenzung aufgrund deines Äußeren und deiner Person oder bei denen du sexuelle Grenzüberschreitungen erlebt hast. Wenn dir deine Eltern, Gleichaltrige und/oder andere Menschen vermittelt haben, dass du wertvoll und wichtig bist, wirst du dich selbst vermutlich auch als einen wertvollen Menschen verstehen, als einen Menschen, der gesehen und geschätzt wird und nicht um Anerkennung kämpfen muss. Wenn deine Eltern, Gleichaltrige und/oder andere Menschen dir hingegen verdeutlicht haben, dass du nicht schlank genug und »zu gefräßig« bist, dann wirst du vermutlich mit dieser Annahme über dich aufwachsen.

Mithilfe dieser grundlegenden Annahmen versuchen wir die Ereignisse, die um uns herum passieren, einzuordnen. Du könntest dir z.B. die unbewusste Regel aufgestellt haben, »Nur wenn ich schlank bin, werde ich akzeptiert«. Durch bestimmte Denkverzerrungen, die wir uns z.B. von unseren Eltern oder anderen wichtigen Bezugspersonen abschauen können, engen wir unser Denken immer weiter ein. Unsere Gedanken und grundlegenden Annahmen werden dadurch wieder und wieder bestätigt. Wenn du z.B. zu einem Alles-oder-Nichts-Denken, auch Schwarz-Weiß-Denken genannt, neigst, könnte ein typischer Gedanke von dir morgens vor dem Spiegel beim Zähneputzen sein: »Wenn ich nicht schlank bin, bin ich hässlich.« Oder wenn du zum Katastrophendenken neigst und dir häufig den schlimmstmöglichen Ausgang ausmalst, könnte ein typischer Gedanke sein: »Heute in der Schule werden mich alle anstarren, weil ich so zugenommen habe.«

Wie auch in Marisas und Amiras Teufelskreis dargestellt (ab Seite 60), beeinflussen deine Gedanken die Wahrnehmung deines Körpers und deine Gefühle und ihre Stärke in der jeweiligen Situation. Vermutlich wirst du mit dieser Art negativer Gedanken deine Aufmerksamkeit auf deinen Bauch richten und dich eher angespannt und ängstlich abwartend in der Mittagspause auf dem Schulhof fühlen, wohingegen eine Mitschülerin bei gleichem Körpergewicht, aber mit anderem Denkmuster, die Pause freudig genießt und sich erholen kann. Je nachdem, wie du die Situation interpretierst, wirst du dich wohl oder eher unwohl in deinem Körper fühlen. Zudem wirst du dich entsprechend deinen Gedanken und Gefühlen in der konkreten Situation verhalten. Durch deine Kontroll- und Optimierungsversuche, dein Rückzug oder dein Sich-Fügen werden heilsame Erfahrungen verhindert – heilsame Erfahrungen, die dir helfen würden, deine typischen Gedanken, deine Denkverzerrungen und insbesondere deine grundlegenden Annahmen zu hinterfragen.

Neben dem Alles-oder-Nichts-Denken und dem Katastrophendenken gibt es noch weitere Denkverzerrungen. Viele Jugendliche in unserer Ambulanz berichten von einer »emotionalen Beweisführung«, bei der sie ihr belastendes Gefühlserleben als sicheren Beweis für ihre Überzeugung nehmen, wie beispielsweise: »Ich fühle mich hässlich, also bin ich auch hässlich.« Alternative Erklärungen werden dann gar nicht mehr geprüft. Beim Muss-Sollte-Denken stellst du dir selbst absolute Forderungen, die kein Mensch einhalten kann, wie z.B.: »Ich muss immer perfekt gestylt sein« oder »Ich sollte jeden zweiten Tag trainieren gehen«. Beim Etikettieren triffst du Pauschalurteile über dich selbst, die unveränderbar scheinen, z.B.: »Ich bin einfach ein Brett« oder »Bei meinem Mondgesicht sieht jede Frisur kacke aus«. Beim Personalisieren schreibst du mehrdeutige Ereignisse dir selbst und deinen Fehlern und Schwächen zu, z.B.: »Sie hat sich nicht bei mir gemeldet. Bestimmt liegt es daran, dass ich so unattraktiv bin.«

Wenn du zu einer selektiven Wahrnehmung tendierst, wirst du vermutlich einen vermeintlich negativen Aspekt deines Aussehens oder ein Ereignis überbewerten, während du positive Ereignisse ausblendest, z.B.: »Anna hat heute Vormittag gesagt, dass ich Pickel auf der Stirn habe. Das heißt, dass ich schrecklich aussehe.« Dabei tritt dann völlig in den Hintergrund, dass Anna eigentlich dabei deinen neuen Haarschnitt bewundert hat und du am selben Vormittag von einem Jungen aus der Klasse zu seiner Geburtstagsparty eingeladen wurdest.

Gedankenlesen gehört übrigens auch zu den Denkverzerrungen – man tut so, als könnte man in den Kopf des Gegenübers schauen, z.B.: »Ich weiß, sie denkt, der ist aber schmal gebaut.« Überlege mal, welche verzerrenden Denkmuster du häufig anwendest.

Marisa, 18, »Ich war schon immer eher schüchtern, mir ist es nie leichtgefallen, Freunde zu finden. Vielleicht hat das auch damit zu tun, dass meine Eltern nicht viel Zeit für mich hatten und ich mich als Kind manchmal gefragt habe, ob ich für sie überhaupt wichtig bin. Mein Vater hat sich selten erkundigt, wie es mir geht, nach der Arbeit lag er auf dem Sofa und war oft gereizt, man durfte ihn dann nicht stören. Ich hatte dann den Eindruck, ich bin eine Last für ihn. Während meiner Grundschulzeit habe ich mich schon manchmal gefragt, ob es auch daran liegen könnte, dass ich dicker bin. Heute weiß ich, dass mein Vater an seiner Arbeitsstelle sehr überfordert war und ihm in der Familie alles zu viel war, meine Eltern haben sich deswegen auch viel gestritten. Als ich nach der vierten Klasse auf die Gesamtschule gekommen bin, war ich von Beginn an Außenseiterin, und dann haben diese Hänseleien angefangen – vor allem die Jungs hatten es auf mein Gewicht abgesehen. Ich weiß nicht, wie oft ich gehört habe: ›Da kommt schon wieder die Tonne angerollt.‹ Ich könnte mir gut vorstellen, dass ich durch die Erfahrungen mit meinem Vater verinnerlicht habe, dass ich nicht wichtig und liebenswert bin. Als die Hänseleien anfingen, hat sich diese Grundannahme nochmals verstärkt. Ich habe mir oft vorgestellt, wie es wäre, wenn ich schlank und superhübsch wäre.

Mit meiner Therapeutin habe ich herausgearbeitet, dass ich wahrscheinlich auch eine zweite Grundannahme entwickelt habe, die lautet: ›Mein Gewicht bestimmt über meinen Wert als Person.‹ Wenn ich nun abends mit Freundinnen unterwegs bin und mir ein Junge gefällt, denke ich typischerweise: ›Bei dem habe ich nie eine Chance, so wie ich aussehe – wie eine Tonne.‹ Ich nehme mich dann als total unförmig wahr und würde mich am liebsten verkriechen. Meine Stimmung kippt, ich fühle mich traurig, ziehe mich zurück, und meistens gehe ich dann heim. Oder aber ich trinke sehr viel Alkohol, manchmal auch so viel, dass ich mich auf komische Typen einlasse – auf Typen, die mir nicht guttun, aber zumindest bekomme ich von ihnen Zuwendung.«

Kasim, 18, »Ich glaube, eine meiner Grundannahmen lautet: ›Ich bin nicht normal.‹ Ich war von klein auf irgendwie immer etwas anders, als von mir erwartet wurde. Mein Onkel meinte immer: ›Du bist doch kein richtiger Junge. Du bist so schlaksig, spielst nicht Fußball, raufst nicht, interessierst dich nur für Bücher.‹ Mein Vater hat dann gelacht und nichts weiter dazu gesagt, aber die meiste Zeit hat er mit meinem kleinen Bruder verbracht – der war laut, wild, stark und mit ihm konnte er rumtollen. Mit den Themen, die mich beschäftigt haben, konnte er nie viel anfangen. Wahrscheinlich habe ich dann für mich die Regel aufgestellt: ›Nur wer männlich ist, wird gesehen.‹ Hinzu kommt, dass ich wegen meiner krausen Haare wiederholt diskriminiert wurde und ich mit meiner hellbraunen Haut oft hervorsteche.

Wenn ich über Denkverzerrungen nachdenke … Ich neige definitiv zum Gedankenlesen und Personalisieren. Ich denke ganz oft, dass andere Menschen mich wegen meiner Haare bemitleiden, und wenn mich jemand ansieht, denke ich schnell, es liegt an meiner Hautfarbe. Etikettieren kenne ich auch von mir, ich denke von mir selbst oft als ›Lauch‹, obwohl ich es als verletzend empfinde, wenn mich Klassenkameraden so nennen.«

JETZT DU Nimm dir ein paar Minuten Zeit und überlege dir, welche grundlegenden Annahmen du aufgrund deiner Körperbildgeschichte entwickelt hast. Im Anschluss überlege einmal, in welcher Situation (z.B. Besuch einer Party) diese Annahmen aktiviert werden und zu welchen typischen Gedanken sie dich verleiten.
Wenn du an diesen Gedanken festhältst, worauf ist dann deine Wahrnehmung gerichtet? Was siehst und spürst du? Was fühlst du? Und zu welchem Verhalten drängen dich diese Gedanken? Was würdest du aufgrund dieser Gedanken am liebsten tun?
Im Downloadbereich zum Buch gibt es hierzu eine vertiefende Übung (ÜBUNG 8, »Mein Körper, ich und meine Annahmen«), die dir dabei helfen kann, dich mit diesen Fragen auseinanderzusetzen.

Da du von deinen grundlegenden Annahmen und typischen Gedanken vermutlich schon etwas länger überzeugt bist, benötigt es verständlicherweise Zeit, diese nachhaltig zu verändern. Hilfreich kann es sein, wenn du dir deinen kritischen inneren Anteil, deinen inneren Kritiker, als eine Person vorstellst. Die Verlagerung deiner Gedanken in eine andere Person kann dich dabei unterstützen, eine erste Distanz zu ihnen aufzubauen.

JETZT DU Stell dir vor, dass deine kritischen Gedanken zu deinem Körper Botschaften eines Anteils von dir sind. Viele Menschen nennen diesen Anteil »meine innere Kritikerin« oder »meinen inneren Kritiker«. Wie würdest du diesen Anteil nennen? Versuche ihm einen Namen zu geben, der für dich passt.

Wenn du ihn näher kennenlernen möchtest, kannst du die vertiefende ÜBUNG 9, »Wie ich meinen Kritiker besänftigen kann«, durchführen, die du im Downloadbereich findest. Gehe insbesondere beim dritten Teil der Übung vorsichtig vor, und beschäftige dich gedanklich mit ersten Argumenten, die du den Botschaften des inneren Kritikers gegenüberstellen kannst.
Wenn du merkst, dass dich die Botschaften sehr belasten, suche am selben Tag noch das Gespräch mit einer Vertrauensperson, um dich zu entlasten, oder hole dir professionelle Unterstützung, z.B. durch eine Therapeutin oder einen Therapeuten.

Den inneren Kritiker zu besänftigen und zunehmend zu reduzieren, erfordert viel Übung. Dieser kritische Anteil in dir nimmt die Dinge nicht so an, wie sie sind, sondern beurteilt sie durchweg negativ und zu deinem Nachteil.

Manche Jugendliche erleben den inneren Kritiker mehr strafend als kritisch, sodass sie sich in der Auseinandersetzung mit ihm sehr schlecht fühlen können. Sorge daher gut für dich, wenn du diese Übung zum inneren Kritiker durchführst, indem du z.B. gemeinsam mit einer Vertrauensperson die Botschaften des inneren Kritikers hinterfragst. Oder du überspringst den dritten Teil der Übung erst einmal und machst ihn zu einem späteren Zeitpunkt, dann, wenn du dich bereits selbstsicherer deinem inneren Kritiker gegenüber fühlst.

Als Nächstes erfährst du, wie du weitere alternative Erklärungen in Betracht ziehen und lernen kannst, alle Aspekte einer Situation in ein realistischeres Urteil mit einzubeziehen.

SCHÖNE FRAU, MUSKULÖSER MANN – IST DAS WIRKLICH DEIN ERNST?

Um die ungünstigen Gedanken, Annahmen und Botschaften deines inneren Kritikers nachhaltig zu entkräften, solltest du beginnen, das bestehende Schönheitsideal infrage zu stellen. Trotz des Wissens um die Verwendung von Filtern und Bildbearbeitung vor dem Hintergrund einer auf unsere vermeintlichen Makel fokussierten Werbeindustrie, wünschen sich viele Menschen weiterhin, genauso schön und attraktiv zu sein, wie es die vermeintliche Norm vorgibt.

Attraktiven Menschen werden tatsächlich auf den ersten Blick viele positive Eigenschaften zugeschrieben, beispielsweise dass sie selbstbewusst, sympathisch, intelligent und erfolgreich sind und viel Sex-Appeal haben. Man spricht auch von einem Stereotyp der körperlichen Attraktivität: Diese positiven Eigenschaften werden bei einem attraktiven Menschen bereits vorausgesetzt. Dazu kommt, dass sich Personen unbewusst auch so verhalten, wie von ihnen erwartet wird, d.h. attraktive Menschen treten dann möglicherweise tatsächlich selbstbewusster und offener auf und kommen dadurch dann - zumindest im ersten Moment - besser beim Gegenüber an, was ihr Selbstbewusstsein wiederum verstärkt. Es ist also nachvollziehbar, dass viele Menschen - und auch du - zunächst danach streben, attraktiv auszusehen und als schön beurteilt zu werden. Wie attraktiv du von deinem Gegenüber wahrgenommen wirst, ist jedoch nicht einfach zu beantworten. Viele verschiedene Faktoren spielen dabei nämlich eine Rolle. Halte mal kurz inne und schätze ein, wie stark objektive Schönheitsmerkmale (z.B. ein symmetrisches Gesicht, ein makelloser Teint) unsere Einschätzung beeinflussen. Was denkst du?

Viele Menschen - möglicherweise auch du - überschätzen den Einfluss von objektiven Schönheitsmerkmalen auf unser Urteil. Interessanterweise fließen diese nur mit einem geringen Anteil von ca. 30% in unsere Beurteilung der Attraktivität eines Menschen ein (Hassebrauck 2013). Weitaus stärker scheint unsere subjektive Wahrnehmung von Attraktivität, mit fast 50%, das Urteil zu prägen.

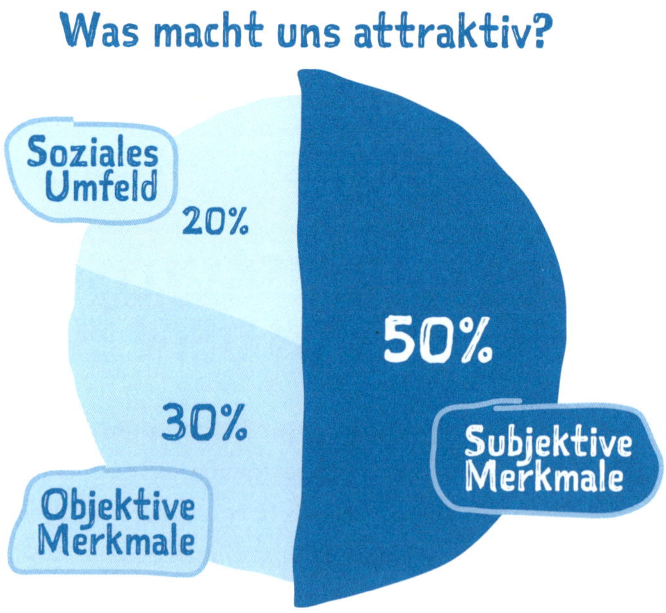

ABBILDUNG 2 — Wie subjektive Merkmale maßgeblich beeinflussen wen wir als attraktiv wahrnehmen (nach Hassebrauck 2013)

Laut der Attraktivitätsforschung zeichnet sich ein schönes Gesicht bei Frauen durch volle Lippen, große Augen und eine Stupsnase aus, bei Männern scheint hingegen ein ausgeprägtes Kinn und eine ebenmäßige Nase anziehend zu sein (vergleiche auch Abschnitt »Körperbild, Schönheit und Attraktivität: Was verbirgt sich dahinter?«, Seite 21). Bei Mädchen und Frauen scheinen alle körperlichen Aspekte als attraktiv bewertet zu werden, die darauf hinweisen, dass sie als Fortpflanzungspartnerin geeignet sind, d.h. Kinder bekommen können. Übermäßig schlank sein gehört übrigens nicht dazu, sondern eine kurvige Figur.

Bei Jungs und Männern ist es deutlich unklarer, was als objektiv attraktiv angesehen wird. Aus einer evolutionären Sichtweise heraus müssten Männer anziehend sein, die dominant auftreten aber auch bereit sind, sich langfristig zu binden. Mädchen und Frauen achten daher bei der Partnerwahl weniger auf das Aussehen. Junge Männer hielten in der Tat auch Körper für attraktiv, die deutlich muskulöser waren als die männlichen Körper, die jungen Frauen gefielen (Pope u. a. 2000).

Unser soziales Umfeld hat mit ca. 20% einen nicht unwichtigen Einfluss auf unsere Beurteilung. Mit Beeinflussung durch das soziale Umfeld ist gemeint, dass man sich in einer Freundesgruppe, Clique oder Klassengemeinschaft mit der Zeit immer ähnlicher wird, bei dem, was man als attraktiv bewertet. Das kennst du sicherlich auch: In sozialen Gruppen besteht meist Einigkeit darüber, was gerade »in« ist, z.B. welchen Style oder welche Marken man trägt. Das, was deine Freundinnen und Freunde und die Influencerinnen und Influencer deiner Following-Liste derzeit attraktiv finden, wirst du vermutlich auch zunehmend cool finden.

Viel interessanter ist aber die Tatsache, dass deine persönliche, subjektive Einschätzung eine so große Rolle spielt. Überlege einmal, wen du aus deinem Freundeskreis als attraktiv wahrnimmst. Woran machst du das fest? Dir werden sicherlich neben äußeren, objektiven Merkmalen eine ganze Reihe andere Aspekte einfallen, wie z.B.: lacht immer so herzlich, hat einen grandiosen eigenen Style, hat coole Tattoos, eine sexy Stimme, ist offen und zugewandt, humorvoll, hat viele spannende Interessen und eine tolle Ausstrahlung. Neben Kleidung, Frisur, Schmuck, Piercings und Tattoos, Auftreten, Redeweise, Gestik und Mimik werden insbesondere Persönlichkeitsmerkmale als attraktiv in Beziehungen wahrgenommen, und als umso attraktiver bewertet, je länger man eine Person kennt und schätzt. Vielleicht hast du auch schon mal erlebt, dass die körperlichen Aspekte, die beim ersten Eindruck einer Person noch vorherrschend waren (z.B. »Was eine markante Nase!« oder »Die hat aber abstehende Ohren«), immer stärker verblassen und du die Person immer anziehender wahrnimmst, weil du von ihrer Persönlichkeit angetan bist.

Daneben gibt es noch viele weitere Aspekte, die eher unbewusst in deine Beurteilung einfließen: So können deine Vorerfahrungen mit ähnlich aussehenden Personen deinen ersten Blick auf einen Menschen stark prägen (Brunhoeber 2019). Wenn du in der Grundschule von einem Mädchen mit Pony-Frisur geärgert wurdest, wirst du einer anderen Person mit Pony-Frisur ebenfalls eher skeptisch abwartend gegenübertreten. Oder wenn du einen jungen Mann mit rötlichen Haaren als Nachbarn hast, der sehr herzlich und humorvoll ist, und du nun auf eine ähnlich aussehende Person triffst, dann wirst du bereits erwarten, dass sie vergleichbar charmant ist. Wir schreiben also gewisse Charaktereigenschaften und Erwartungen dem Aussehen einer neuen Person zu, abhängig von unseren positiven oder negativen Erinnerungen mit ihrer Doppelgängerin bzw. ihrem Doppelgänger hinsichtlich der jeweiligen körperlichen Aspekte. Schönheit liegt also doch größtenteils im Auge der Betrachterin oder des Betrachters!

> **Laura, 16,** »Ich habe von meiner Therapeutin die Aufgabe bekommen, mir zu überlegen, welche Freundinnen oder Bekannte ich attraktiv finde und warum. Ehrlich gesagt, sind mir bei jeder Freundin ziemlich viele Dinge eingefallen, die ich attraktiv finde. Oft sind es Eigenschaften oder Verhaltensweisen in unserer Freundschaft, die mir sehr gefallen. Miriams herzliche und warme Art, oder dass sich Julia so begeistern kann – ihre Augen stahlen dann immer so –, das finde ich superattraktiv. Bei meinem eigenen Aussehen achte ich hingegen viel stärker auf äußere Merkmale. Vor allem sind es bei mir ja eigentlich nur zwei objektive Merkmale – mein Körpergewicht und der Umfang meiner Oberschenkel –, also ein ganz geringer Anteil von 30%, die darüber entscheiden, wie ich über mich als Person urteile. Das ist ganz schön unfair!«

Bei unseren Gedanken und Äußerungen zu unserem eigenen Körper schwingen oft auch sexistische Aspekte mit. Warum denken denn selbst schlanke Frauen so viel häufiger als Männer, dass sie zu dick sind? Gerade junge Frauen beurteilen sich selbst oder auch andere junge Frauen als diejenigen, die angesehen werden.

MY BODY – MY RULES

Junge Frauen beobachten und beurteilen sich selbst als diejenigen, die von Männern angesehen werden, auch »male gaze« (= männlicher Blick) genannt. Dieser Mechanismus entstammt unserer vormals patriarchalen Gesellschaft, in der Frauen vorwiegend über ihr Aussehen und ihre Attraktivität als Sexualpartnerin definiert wurden. Selbst junge Frauen beobachten andere junge Frauen mit den Augen eines Mannes, d.h. es wird vermutlich jeder jungen Frau schon einmal passiert sein, dass sie den Körper einer anderen jungen Frau ungefragt bewertet hat. Leider ist dieser männliche Blick tief verinnerlicht und wird oftmals unreflektiert von Müttern an ihre Töchter und von Vätern an ihre Söhne weitergegeben (weswegen es auch so wichtig ist, dass deine Eltern ihre eigenen Einstellungen und Verhaltensweisen reflektieren).

Vielleicht hast du dir auch schon mal Bemerkungen zu einem Instagram-Post durchgelesen, in dem eine junge Frau nicht die Erwartungen des vermeintlichen weiblichen Schönheitsideals erfüllt, z.B. weil sie sich unrasiert und mit Monobraue oder ungeschminkt und mit Pickeln zeigt oder sexy Kleidung als mehrgewichtige Frau trägt. Es schockiert zutiefst, wie sehr sich sowohl weibliche als auch männliche Nutzer über ein Abweichen von der vermeintlichen Norm aufregen können. Nur weil ihnen diese Abweichung aus ihrem »männlichen Blick« nicht gefällt. Obgleich der einzig entscheidende Faktor bei der Betrachtung eines solchen Bildes die Zufriedenheit und das Wohlbefinden der jungen Frau sein sollte, die man darauf sieht.

Wenn du dich in einer privilegierten Lebensrealität befindest, weil du eine weiße, heterosexuelle Cis-Frau bist, wirst du vermutlich, selbst wenn dein Körper nicht völlig dem Ideal entspricht, keine systematische Diskriminierung wegen deines Aussehens erleben. Dennoch kannst du ausgrenzende und sehr verletzende Erfahrungen aufgrund des »male gaze« erlebt haben. Erschwert wird deine Position, wenn du dich für mehr Körperakzeptanz einsetzt und zudem weiblich und People of Color (POC) oder weiblich und Muslimin oder LGBTQIA+ bist oder eine Behinderung hast, da du neben deinem Aussehen und Geschlecht auch zeitgleich wegen deiner Hautfarbe, Herkunft, sexuellen Orientierung, Geschlechtsidentität oder deiner Behinderung diskriminiert werden könntest (#intersectional).

Was bedeutet dies nun für dich? Ob du ohne (oder mit) Rasur oder ohne (oder mit) Make-up das Haus verlassen möchtest, entscheidest alleine du selbst. Mach dir immer wieder bewusst: My Body is my choice!

Halte zudem inne und frage dich: Möchte ich damit fortfahren, meinen eigenen Körper mit dem Blick eines Mannes zu bewerten? Möchte ich, dass Frauen weiterhin vorwiegend über ihr Aussehen und ihre Attraktivität definiert werden? Möchte ich die Scham bezüglich meines Körpers oder bestimmter Körperteile an die nächste Generation weitergeben?

ONLINE TIPP Die Sängerin Jax bringt die unserem vermeintlichen Schönheitsideal zugrundeliegende sexistische Haltung mit dem Song »Victoria's Secret« (https://www.youtube.com/watch?v=poqfCa4TezY) auf den Punkt: Victoria ist von einem Typen erfunden worden! Schockierend, aber auch aufrüttelnd – Smash the patriarchy!

Hast du dir auch schon mal überlegt, was du mit einer Attraktivität eigentlich bewirken möchtest bzw. was du dir von ihr erhoffst? Viele Menschen vermischen nämlich ihren Wunsch, von anderen Menschen gemocht und geliebt zu werden, mit dem Streben nach Anerkennung und Bewunderung. Das gilt übrigens für alle Aspekte unseres Lebens, bei denen wir versuchen, »perfekt« zu sein.

> **Mika, 16,** »Mir hat es schon gut gefallen, dass ich auf Partys Blicke auf mich gezogen haben, wenn ich ein enges T-Shirt anhatte und man meine Trizeps- und Bizeps-Muskulatur sehen konnte. Oder wenn ich mit coolen Designerklamotten in die Schule gekommen bin. Das war schon sehr cool, es standen auch irgendwie immer mehrere Mädels gleichzeitig auf mich, und ich habe viel Aufmerksamkeit erhalten. Irgendwann ist mir aber klar geworden, dass es den anderen Jungs aus meiner Stufe gar nicht passte, dass ich so muskulös und trainiert ausgesehen habe. Vielleicht weil sie dagegen so normal aussahen. Ich habe in der Umkleidekabine auch oft abwertende Sprüche wegen meiner Muskeln kassiert. Im Endeffekt war ich in der Zeit, als ich so viel trainiert habe, oft sehr einsam und habe mich auch in meiner Klasse nicht dazugehörig gefühlt. Ich habe es wohl etwas übertrieben mit meinem Perfektionismus, aber mein Gedanke, ›Nur wenn ich meinen Körper perfektioniere, bin ich was wert‹, bringt mich nicht weiter.«

So wie Mika berichtet, kann der Versuch, möglichst perfekt athletisch auszusehen, anfänglich zu Bewunderung führen, langfristig allerdings eher negativ auf andere Menschen wirken. Die Jungs aus seiner Stufe fühlen sich möglicherweise hässlich und minderwertig neben Mika, insbesondere dann, wenn sie selbst gerade unzufrieden mit ihrem eigenen Körper sind und ihre Muskeln mit Mikas vergleichen.

Als Konsequenz kann es sein, dass sie sich zurückziehen, was wiederum von Mika als Hinweis missinterpretiert werden kann, dass er nicht liebenswert genug ist. Für ihn könnte es daher hilfreich sein, einen alternativen Gedanken zu formulieren: »Ich bin wertvoll, egal wie viel ich trainiere. Perfektion macht hingegen unsympathisch.«

JETZT DU Du hast nun die verschiedenen Blickwinkel kennengelernt, aus denen du deine Gedanken betrachten kannst. Im Downloadbereich zum Buch findest du weitere Strategien, die dir dabei helfen können, deine grundlegenden Annahmen und Gedanken zu hinterfragen (ÜBUNG 10, »Negative Gedanken loswerden: Was hilft?«). Nutze eine dieser Strategien und notiere alle deine Erfahrungen. Finde im Anschluss einen hilfreicheren Alternativgedanken oder eine hilfreichere Annahme.

Hier findest du eine Liste mit alternativen positiven Gedanken zu typischen negativen Gedanken über den Körper und das Aussehen, die andere Jugendliche formuliert haben.

ANSTATT ZU DENKEN	DENKE LIEBER
Ich hasse meinen Körper. Es ist viel zu groß und unförmig.	Ich bin so viel mehr als mein Körper. Ich orientiere mich an dem, was mir wirklich wichtig ist im Leben.
Mein Körper ist eine Last.	Mein Körper kann großartige Dinge tun, z.B. kann ich meine Freundin in den Arm nehmen.
Ich werde nur gemocht, wenn ich schlank bin.	Die Waage bestimmt nicht meinen Wert. Jeder Mensch ist wertvoll, und jeder Körper ist ein guter Körper.
Ich fühle mich hässlich, also bin ich auch hässlich.	Nur weil mein Gefühl mir das vermittelt, ist das nicht die Realität. Andere Menschen nehmen leichte Abweichungen von der vermeintlichen Norm gar nicht wahr oder bei Weitem nicht so stark, wie ich es tue.

ANSTATT ZU DENKEN	DENKE LIEBER
Mein Körper arbeitet gegen mich. Ich kann nicht laufen, bin beeinträchtigt etc.	Jeder Körper ist anders und hat unterschiedliche Stärken. Die Stärken meines Körpers sind ...
Es ist wichtig, was andere über mein Aussehen denken.	Mein Körper gehört mir. Ich entscheide, wie ich aussehe und welche Kleidung ich trage.
Mein Aussehen ist dafür verantwortlich, dass ich keine feste Freundin oder keinen festen Freund habe.	Meine Attraktivität trägt zum ersten Eindruck bei, allerdings entscheidet diese nicht, ob man sich ineinander verliebt und ob man eine Beziehung eingeht. Für eine Beziehung sind gemeinsame Interessen, Humor, Zuverlässigkeit usw. so viel wichtiger.
Der erste Eindruck ist entscheidend – und der steht und fällt mit dem eigenen Aussehen.	Selbst eine erste Attraktivität ist sehr subjektiv und hat viel mit Vorerfahrungen und der Erfüllung eigener Bedürfnisse zu tun. Jeder Mensch empfindet andere Menschen als attraktiv.
Nur wenn man einen coolen Style hat, gehört man dazu.	Wenn man stylisch auftritt, bekommt man vielleicht Anerkennung. Das ist aber nicht gleichzusetzen mit wirklicher Zuneigung. Ich möchte mich mit Menschen umgeben, denen andere Werte als Äußerlichkeiten wichtig sind.
Als Junge sollte man möglichst viele Muskeln haben und stark sein.	Das ist sexistisch und total veraltet. Ich darf so sein, wie ich bin. Es gibt viele Männer, die klein und schlank sind oder ihre sensiblen Seiten offen zeigen – ihr Körper ist genau so gut und schön, wie er ist.

ANSTATT ZU DENKEN	DENKE LIEBER
Als Mädchen sollte man attraktiv und weiblich aussehen.	Wenn ich so über mich denke, betrachte ich mich mit den Augen eines Mannes und unterstütze weiter die Unterwerfung der Frau. Das Einzige, was zählt, ist, wie ich mich selbst in meinem Körper wohlfühle.
Meine Freundin, mein Freund etc. sieht besser aus als ich.	Jeder Mensch hat Schokoladenseiten und leichte Abweichungen von der Norm. Mein Vergleich ist unfair, da ich bei mir nur die vermeintlich unattraktiven Aspekte und bei meinem Gegenüber nur die vermeintlich attraktiven Aspekte wahrnehme.
Nur wenn ich 5 kg weniger wiege, keine Akne, keine Körperhaare, größere Brüste etc. habe, kann ich mich akzeptieren.	Dieser Gedanke macht mein Leben so unglaublich anstrengend und mich unglücklich. Es gibt wichtigere Dinge im Leben, die mich wirklich zufrieden machen können – z.B. meine Herzensangelegenheiten.

WUSSTEST DU DAS?

Auch wenn es mühselig erscheint, nehme dir ausreichend und immer wieder Zeit, an deinen Grundannahmen und Gedanken zu rütteln. Unser Gehirn braucht zahlreiche Reminder, damit aus neuen, kleinen Gedankenpfaden breite, leicht zu befahrene Straßen werden, in die wir eines Tages nahezu automatisch einbiegen. Du solltest deine ungünstigen Gedanken und Annahmen daher immer wieder aufs Neue infrage stellen. Deine Ideen für alternative Gedanken werden sich mit der Zeit entwickeln, und es wird dir zunehmend leichter fallen, hilfreiche Gedanken zu formulieren. Schreibe dir deine hilfreichen Alternativgedanken immer wieder auf, hänge dir Zettel mit deinen »neuen« Gedanken über den Schreibtisch, an den Badezimmerspiegel oder in die Innenseite deines Kleiderschranks. Lese sie dir immer wieder durch. Bleib unbedingt dran, es lohnt sich!

SEI MITFÜHLEND MIT DIR UND DEINEM KÖRPER

Bei der Bearbeitung deiner Denkmuster hast du sicherlich gemerkt, wie schwierig es sein kann, eigene Gedanken zu hinterfragen. Möglicherweise gelingt dir bereits, hilfreiche Gedanken zu entwickeln, du fühlst dich aber noch nicht wirklich besser mit diesem Gedanken. Manche Jugendliche werten sich sogar dafür ab, dass es ihnen nicht gelingt, von diesen »neuen« Gedanken überzeugt zu sein – genauso wie sie es mit ihrem Körper machen. Wenn du auch dazu neigst, dich bei den Übungen unter Druck zu setzen und dich abzuwerten, bitte sei dir bewusst: Du trägst keine Schuld daran, dass deine Gedanken und Gefühle schwierig zu regulieren sind. Du hast in deinem Leben bestimmte Erfahrungen gemacht, mit denen du versuchst, bestmöglich umzugehen. Du hast deine Bewältigungsanteile nicht gewählt. Du bist allerdings selbst dafür verantwortlich, etwas zu verändern. Deshalb möchten wir dir nun Möglichkeiten aufzeigen, wie du Gefühle von Schuld und Scham, die dich auf deinem Weg zu mehr Körperzufriedenheit ausbremsen können, gut bewältigen kannst und wie du deine negativen Gefühle bezüglich deines Körpers besser regulieren, und folglich abschwächen kannst – nämlich indem du direkt an der Gefühle-Komponente deines Teufelskreises ansetzt.

Mitgefühl mit dir selbst könnte dir helfen, mit einer starken Selbstkritik und einem unangenehmen Schamerleben umzugehen (Stierle 2020). Bei Selbstmitgefühl geht es darum, »in den Momenten, in denen wir leiden, für uns selbst so zu sorgen, wie wir es für einen geliebten Menschen tun würden« (Neff 2003).

Vor allem für Mädchen scheint Selbstmitgefühl wirksam zu sein: Wer mitfühlender mit sich selbst ist, erlebt sich weniger belastet und dadurch weniger unzufrieden mit dem eigenen Körper (Pullmer u. a. 2019). Mitgefühl mit dir selbst versucht dich über drei Komponenten zu erreichen: Du lernst erstens, deine Belastung wahrzunehmen und anzuerkennen, z.B. indem du dir zusicherst, dass es okay ist, wenn du dich unwohl in deinem Körper fühlst und dich schämst. Zweitens erhältst du Unterstützung dabei, deine Schwächen, Fehler und deine belastenden Gefühle zu normalisieren, z.B. indem du dir klarmachst, dass kein Körper perfekt ist, jeder Mensch kleine körperliche Abweichungen von der Norm hat und deine Unsicherheit dich mit anderen verbindet. Und drittens lernst du, deine Selbstkritik zu reduzieren und dich unter Belastung freundlich zu begleiten und (innerlich) zu umarmen, weil Mitgefühl, das einzig Sinnvolle in diesem Moment ist (Neff 2003). Mitgefühl mit dir selbst eröffnet dir einen neuen Umgang mit deinen Herausforderungen und kann dir eine wirksame Strategie im Umgang mit deinem Gefühlserleben werden.

JETZT DU Mitgefühl mit dir selbst muss erlernt und kontinuierlich geübt werden, so wie du einen Muskel trainierst. Mach dich auf den Weg, dich zunehmend mitfühlend zu begleiten. Und bringe wiederum Mitgefühl mit dir selbst auf, wenn es nicht direkt klappt. Im Downloadbereich zum Buch findest du eine Übung, die dich dabei begleiten möchte (ÜBUNG 11, »Be your buddy – love your body«).

WUSSTEST DU DAS? Selbstmitgefühl hat seine Wurzeln im Buddhismus. Mitgefühl und liebende Güte sind zwei von vier Geisteshaltungen – »die vier Unermesslichen« –, die über eine Meditationspraxis erreicht werden sollen. Bei der Mitgefühlsmeditation geht es darum, sich selbst und anderen Menschen im Leid beizustehen, verbunden mit dem Wunsch, dieses zu lindern. Bei der Meditation der liebenden Güte, auch Metta- oder Loving-Kindness-Meditation genannt, soll sich selbst und anderen Menschen mit Wohlwollen und Freundlichkeit begegnet werden. Viele mitgefühlsfokussierte Übungen bauen daher meditativ anmutende Sätze ein wie »Möge ich mich sicher und geborgen fühlen«. Wenn dir das zu esoterisch ist, wandele die Übung so für dich um, dass sie dir gefällt und du von ihr profitieren kannst.

Als Paul noch kein Selbstmitgefühl kannte, hatte er oft gedacht, dass er mit seiner Scham über sein Übergewicht alleine wäre – er fühlte sich sehr isoliert und unter seinen Mitschülern oft einsam. Er konnte sich nicht vorstellen, dass andere Menschen ihr Körpergewicht genauso belastend erleben und sich deswegen nicht zu Treffen mit Gleichaltrigen trauen könnten. Mithilfe der Übung wurde ihm bewusst, dass er nicht alleine mit seinen Körpersorgen ist und viele Jugendliche seine Unsicherheiten nachvollziehen können oder es ihnen auch so geht wie ihm.

Genau wie Paul erleben viele Jugendliche insbesondere die Vorstellung des gemeinsamen Menschseins als wirksam. Vielleicht fragst auch du dich manchmal, »Wieso passiert das immer nur mir?«, und empfindest Selbstmitleid – worunter du dann noch stärker leidest, weil es dich zudem lähmt. Wenn du dir in diesen Momenten stattdessen klarmachst, dass für jeden jungen Menschen die Veränderung des eigenen Körpers eine riesige Herausforderung in der Pubertät darstellt, kann in dir ein Gefühl von grundlegender Verbundenheit mit anderen Menschen entstehen. Mach dir immer wieder bewusst: Jeder Mensch fühlt sich manchmal verunsichert in seinem Körper. Und jeder Mensch befindet sich auf einer Reise zu einer annehmenden und freundschaftlichen Haltung seinem eigenen Körper gegenüber.

Eigentlich kannst du in jedem Moment, in dem du dich verurteilst (weil du beispielsweise etwas nicht umsetzen konntest: »War ja klar, dass ich diese Übung wieder nicht gut hinbekomme«), daran arbeiten, eine mitfühlende Haltung dir gegenüber zu entwickeln. Speziell auch dann, wenn du wieder in alte Verhaltensmuster zurückgefallen bist (weil du beispielsweise dein Aussehen wieder längere Zeit im Spiegel überprüft hast oder aus einem Verlangen heraus gegessen hast). Rückschritte sind Teil des Weges, auf dem du mit der Zeit immer freundschaftlicher mit deinem Körper umzugehen lernst. Versuche dir erneute Körpersorgen, Überforderungen mit Übungen und Fehltritte mit einem kleinen Lächeln zu verzeihen. Gewöhne dir an zu sagen: »Auch wenn ich mich heute unsicher in meinem Körper fühle / wieder gegrübelt habe / mit der Übung aus dem Ratgeber überfordert war / es noch nicht geschafft habe, positiver über mein Körpergewicht oder andere Aspekte meines Aussehens zu denken, achte und schätze ich mich genau so, wie ich bin.«

> **Marisa** hatte zunächst große Schwierigkeiten, sich auf die Übung einzulassen, da sie davon überzeugt war, es gar nicht wert zu sein, Mitgefühl zu erhalten. Ihr wurde bewusst, dass sie von ihren Eltern sehr oft zurückgewiesen wurde, wenn sie Nähe suchte oder offen über ihre Unsicherheiten sprechen wollte – dadurch hatte sie für sich abgespeichert, »ich bin es nicht wert, dass man mich liebevoll behandelt«. Marisa stürzte sich daher auch in sexuelle Kontakte mit wechselnden Partnern, die für sie destruktiv und riskant waren. Sie bemerkte selbst, dass sie manchmal Schuldgefühle empfand und sich sogar dafür schämte, dass ihre Therapeutin freundlich zu ihr war. Mit ihrer Therapeutin diskutierte sie wiederholt ihre hartnäckige Annahme, Mitgefühl nicht zu verdienen. Mit der Zeit erkannte sie, dass jeder Mensch belastende Momente und Misserfolge erlebt und deshalb auch jeder Mensch Mitgefühl verdient hat.

Wenn dir die Schilderungen von Marisa bekannt vorkommen und du auch noch keine (oder nur sehr selten) Erfahrungen mit Nähe und Verbundenheit gemacht hast, ist das schmerzhaft. Es wäre absolut verständlich, wenn dich das sehr traurig oder wütend machen würde, denn deine Bedürfnisse wurden unzureichend befriedigt. Es ist auch sehr nachvollziehbar, dass du dann möglicherweise ängstlich, misstrauisch oder beschämt reagierst, wenn eine andere Person mit dir mitfühlt. Du benötigst dann vermutlich mehr Übung, Mitgefühl für dich zu etablieren. Wenn du erkannt hast, worin deine Verunsicherung ihren Ursprung hat, solltest du deine ungünstigen Annahmen über das Selbstmitgefühl hinterfragen (dafür eignen sich die Übungen zu Beginn dieses Kapitels). Hilfreich kann es zudem sein, wenn du in den Übungen zunächst den Wunsch äußerst, mitfühlender mit dir selbst zu werden: »Ich wünsche mir, mitfühlender mit mir zu werden.«

ONLINE TIPP Wenn du deine Praxis von Selbstmitgefühl vertiefen möchtest, findest du online zahlreiche geführte mitgefühlsfokussierte Übungen. Besonders empfehlenswert sind die Meditationen von Dr. Christine Brähler, einer großartigen Psychotherapeutin, die die Bedeutsamkeit von Selbstmitgefühl in Deutschland verbreitet hat (https://www.christinebraehler.com/de/meditationen/). Speziell für Jugendliche bieten sich Übungen aus dem Making-Friends-with-Yourself-Programm von Lorraine Hobbs und Karen Bluth an. Die Selbstmitgefühlspause findest du auf Deutsch unter: https://insighttimer.com/niinatamura/guided-meditations/ein-moment-fur-mich-selbstmitgefuhlpause-fur-jugendliche

VERSORGE DEINEN VERLETZLICHEN ANTEIL

Deine Haltung zu deinem Körper kann ein sensibles Barometer dafür sein, wie du grundsätzlich zu dir selbst zum aktuellen Zeitpunkt stehst. Nicht nur direkt aktivierende Ereignisse, wie der Blick in den Spiegel oder ein ungünstiges Foto, sondern auch aktuelle Belastungen, ein Streit mit einem Freund oder Schulstress, die nichts mit deinem Aussehen zu tun haben, können deine Körpersorgen aktivieren. Für deinen Heilungsprozess ist es daher entscheidend, wie gut es dir gelingt, in Kontakt zu deinem verletzlichen inneren Anteil zu treten und ihn zu versorgen. Du hast ja bereits von deinem »inneren Kind« erfahren (Seite 29 ff.).

Wenn du dich in diesem Anteil befindest, erlebst du vermutlich sehr intensive Gefühle von Scham, Angst, Einsamkeit oder Traurigkeit. Über sogenannte Gefühlsbrücken rutschst du in das alte Gefühlserleben einer früheren Situation, in der deine Bedürfnisse nicht ausreichend erfüllt wurden – eine Situation, in der du dich möglicherweise unsicher, allein gelassen oder zurückgewiesen und abgewertet gefühlt hast. Du hast dann den Eindruck, dass du auch in deiner aktuellen Situation bedroht bist und du dich mithilfe deiner Bewältigungsanteile, deiner Vermeidungs- und Kontrollverhaltensweisen bezüglich deines Körpers vor dem Urteil oder Verhalten anderer Menschen schützen musst. Obgleich die aktuelle Situation eine ganz andere Situation sein kann als die in der Vergangenheit, und du jetzt wirklich sicher bist.

Es gibt verschiedene Möglichkeiten, um mit deinem inneren Kind in Kontakt zu kommen (zur Rückschau auf dein Leben siehe auch ÜBUNG 7). Imaginationsübungen, bei denen du in deiner Vorstellung bestimmte Bilder oder Erinnerungen mit deinen Gefühlen in Verbindung bringst, können dir den Zugang erleichtern. Im Rahmen dieses Ratgebers wird nur eine abgemilderte Imaginationsübung für die selbstständige Arbeit mit dem inneren Kind beschrieben, sodass dein dabei entstehendes Gefühlserleben eine mittlere Intensität nicht überschreiten sollte. Insbesondere für Imaginationsübungen (aber auch für alle anderen Übungen in diesemRatgeber) gilt, beende die Übung vorzeitig, wenn du dich nicht wohl dabei fühlst, oder hole dir Unterstützung bei der Durchführung, z.B. von einer Therapeutin oder einem Therapeuten.

JETZT DU Beginne mit einer gedanklichen Annäherung an dein kleines Ich. Nutze hierzu die für dich geeignete Bezeichnung deines inneren Kindes. Stelle dir ein kleines Kind vor, das ähnlich schmerzhafte Erlebnisse wie du hinsichtlich seines Aussehens oder Körpers erfahren hat. Aufgrund dieser Erfahrungen hat es begonnen, sich für Aspekte seines Körpers zu schämen und fühlt sich sehr verunsichert. Was hätte dieses Kind in diesen früheren belastenden Situationen eigentlich gebraucht? Was denkst du, was hätte sich das kleine Kind gewünscht? Du kannst alle deine Gedanken auf dem Übungsblatt 12 notieren, das du im Downloadbereich findest.
Zur weiteren Vertiefung erhältst du eine Anleitung, wie du dir in deiner Fantasie einen Ort erschaffen kannst, an dem du dich sicher und beschützt fühlst – deinen sogenannten inneren sicherer Ort. An diesem Ort kannst du deinem inneren Kind behutsam begegnen: Wenn es dir gelingt, dort ein tröstendes Bild zu entwickeln, in dem dein weiser Anteil dein inneres Kind gut versorgt, kann dein verletzlicher Anteil nachhaltig heilen (ÜBUNG 12, »Was ich gebraucht hätte«).

Wie hat sich die Begegnung mit deinem inneren Kind angefühlt? Was hast du ihm mit auf den Weg gegeben? Manchen Jugendlichen in unserer Ambulanz fällt es zu Beginn sehr schwer, überhaupt wohlwollend auf das innere Kind zu blicken, weil sie ihren verletzlichen Anteil mit allen damit verbundenen Gefühlen am liebsten nicht spüren wollen oder diesen Anteil in sich sogar hassen. Wenn du eine vergleichbare Ablehnung gegenüber deinem inneren Kind verspürst, mache dir bewusst, dass diese Haltung nicht dazu beitragen wird, dich besser zu fühlen. Möchtest du dich wirklich weiter so behandeln, wie du behandelt wurdest?

Wenn du noch oder wieder unentschlossen bist, lese dir nochmals das Kapitel »Hab Mut zur Veränderung« durch. Gib dir Zeit, dich allmählich an dein inneres Kind anzunähern und es zunehmend zu akzeptieren – auch wenn das zu Beginn sehr schwierig sein kann. Diese Übung ist nicht einfach, und du machst das ganz sicher gut! Gemeinsam mit einer Therapeutin oder einem Therapeuten lohnt es sich zudem, nachträglich dein kleines Ich gedanklich in der früheren Situation, in der du z.B. Hänseleien in Bezug auf deinen Körper erfahren hast, direkt zu versorgen.

> **Als Amira** die Imaginationsübung durchführt, ist sie zunächst etwas angespannt, da sie schon ahnt, dass ihr inneres Kind durch ihre Erfahrungen in der Grundschule Verletzungen erlitten hat. Nach einem Umzug kam sie neu in eine 4. Klasse und war dort zunächst die Außenseiterin – für ihren Kleidungsstil und ihre Frisur wurde sie belächelt und auf dem Pausenhof in die Enge gedrängt. Ihr damaliges kleines Ich entwickelte intensive Gefühle von Scham und Angst, ausgeliefert zu sein, die sie auch heute noch empfindet, obgleich sie mittlerweile einen festen Freundeskreis hat. Sie rutscht allerdings schnell über eine Gefühlsbrücke in ihr früheres Gefühlserleben zurück und befürchtet dann, erneut ausgegrenzt zu werden.
>
> Amira nennt ihr inneres Kind »die kleine Amira«. Ihren inneren sicheren Ort stellt sie sich in einem entlegenen, ruhigen Teil des Gartens ihrer Großmutter vor, in dem viele Orangenbäume wachsen. Der Duft von Orangen und Blumen und der Gedanke an ihre liebevolle Großmutter aktiviert in ihr direkt diesen sicheren und wohlwollenden Ort. Sie stellt sich vor, wie die kleine Amira auf ihren Schoß klettert und sich an sie ankuschelt und sie dann gemeinsam in der warmen Sonne über den Garten blicken. Die große Amira zieht die kleine Amira eng an sich und tröstet sie:
>
> »Meine Kleine, du hattest es früher ganz schön schwer – es tut mir sehr leid, dass ich dich damals auf dem Pausenhof nicht beschützen konnte. Ich wäre

gerne für dich eingetreten und hätte diesen Kindern gesagt, dass du toll und ein Geschenk bist für jeden, der mit dir spielen darf. Nur weil dein Aussehen und Kleidungsstil anders waren, warst du nicht schlechter, hässlicher oder dümmer als sie.«

Im Anschluss an die Imaginationsübung gelingt es Amira, das heilende Bild weiter für sich aufrechtzuerhalten, wie sie schützend die kleine Amira auf ihrem Schoß hält.

Eine weitere Möglichkeit besteht darin, deinem verletzlichen Anteil einen Brief zu schreiben. Manchen Jugendlichen fällt es zu Beginn sogar leichter, Botschaften schriftlich festzuhalten, als sich in eine Imaginationsübung zu begeben.

JETZT DU Verfasse einen Brief an dein inneres Kind, in dem du diesen Anteil direkt ansprichst. Schreibe auf, was du deinem inneren Kind gerne sagen möchtest und was seine schmerzhaften Erlebnisse hinsichtlich seines Aussehens oder Körpers nachträglich (zumindest ein kleines bisschen) wiedergutmachen könnte. Überlege dir auch, was du heute für dein inneres Kind als liebevolle junge Frau oder liebevoller junger Mann tun kannst. Ein Beispiel findest du im Downloadbereich zum Buch (ÜBUNG 13, »Botschaften an mein verletzliches inneres Kind«).

Wenn du möchtest, kannst du die Botschaften, die du in deinem Brief verfasst hast, auch als Sprachnachricht aufnehmen. So kannst du dir die Botschaften in einem belastenden Moment oder auch unterwegs anhören – manche Jugendliche berichten, dass sich auf diese Weise die Wirkung der heilenden Botschaften an das innere Kind noch stärker entfaltet.

Paul, 14, »Mit meinem Therapeuten habe ich gemeinsam Botschaften an mein inneres Kind notiert. Aber irgendwie konnte ich diesen Botschaften nicht so recht glauben. Wir haben dann vereinbart, dass ich meinem Patenonkel davon erzähle – ich fühle mich bei ihm direkt wohl, wenn ich mit ihm telefoniere oder ihn treffe, selbst dann, wenn wir uns lange nicht gesehen haben. Ich weiß, dass er es richtig gut mit mir meint. Ich habe ihn gebeten, dass er mir die Botschaften als Sprachnachricht aufspricht. Er war richtig gerührt und meinte, es sei für ihn eine Ehre, so etwas für mich zu tun. Jetzt höre ich die Botschaften mit seiner Stimme, und dieser Stimme glaube ich voll und ganz.«

WUSSTEST DU DAS? Es ist wichtig, dass du dich regelmäßig um deinen verletzlichen inneren Anteil kümmerst. Versuche herauszufinden, wann sich dein inneres Kind meldet und was es braucht, um das jeweilige Gefühl zu lindern. Du kannst dir auch eine Trostbox gestalten, in die du verschiedene Gegenstände legst, die dein inneres Kind trösten können (wie z.B. den Brief mit den wohlwollenden Botschaften). Nimm dir hierzu einen leeren Schuhkarton und gestalte ihn nach deinen Wünschen. Wenn sich dein inneres Kind oft einsam fühlt, kannst du in die Box Fotos, die dich umgeben von anderen Menschen zeigen, oder eine liebe Nachricht von einer Freundin legen. Du kannst auch ein kleines Kuscheltier oder ein paar Beutel deiner Lieblingsteesorte hineinlegen.

VERTEILE DEINE AUFMERKSAMKEIT GLEICHMÄSSIG

Du hast bereits erfahren, dass die eigenen Körpermaße sehr verzerrt wahrgenommen werden können – insbesondere dann, wenn die Aufmerksamkeit auf die als unattraktiv oder hässlich beurteilten Aspekte des Körpers gerichtet wird. Wenn du deine vermeintlichen Makel ständig ins Scheinwerferlicht rückst und du alle anderen Aspekte deines Körpers ausblendest, ist es nachvollziehbar, dass du deinen vermeintlichen Makel übergroß wahrnimmst. Da andere Menschen dich als ganzheitliche Erscheinung wahrnehmen, werden diese vermeintlichen Makel von anderen Menschen gar nicht oder wenn nur sehr dezent bemerkt. Übungen, die an der Wahrnehmungs-Komponente deines Teufelskreises ansetzen, unterstützen dich darin, deine Aufmerksamkeit gleichmäßig auf deinen Körper zu verteilen. Du kannst lernen, dich wieder als ganze Person von Kopf bis Fuß zu betrachten. Genauso wie du lernen solltest, andere Menschen als ganze Person zu betrachten. Jeder Körper ist ein guter Körper, und jeder Körper sieht einzigartig aus.

Wenn es dir noch nicht gelingt, ein ständiges Vergleichen mit den Körpern anderer Menschen zu unterlassen, so mache dir klar: Jeder Körper hat körperliche Stärken und Schwächen, leichte körperliche Abweichungen von der vermeintlichen Norm. Wann immer du das Aussehen von jungen Frauen oder Männern auf Social Media, in Zeitschriften oder in der Werbung bewunderst, denke daran, dass hier nahezu alle Fotos von Körpern optimiert und gefiltert werden. Da insbesondere kleinere Abweichungen und Auswölbungen, Hautunreinheiten, Sommersprossen, kurze Beine oder Oberkörper, Cellulitis oder sonstige Eigenheiten bei Models, Influencerinnen und Influencern standardmäßig retuschiert werden, bieten sie keinen objektiven Vergleichsmaßstab.

Körperreisen oder auch Body-Scan-Übungen bieten sich an, um schrittweise wieder den ganzen Körper zu spüren und ihm dabei mit einer wohlwollenden, akzeptierenden Haltung zu begegnen. Du lernst, deinen Körper achtsam zu »bereisen«: Die Aufmerksamkeit soll insbesondere auf die angenehmen Körperwahrnehmungen gerichtet werden, ohne diese zu beurteilen.

JETZT DU Wenn du magst, kannst du die ÜBUNG 14, »Wohlfühlmoment für meinen Körper«, im Downloadbereich zum Buch ausprobieren. Widme dich deinem ganzen Körper!
Reflektiere im Anschluss: Wie ist es dir bei diesem Wohlfühlmoment ergangen? Wie angenehm war es, deinen Körper zu spüren? Wie gut ist es dir gelungen, dich wertfrei in deinem Körper wahrzunehmen?

> **Für Kasim** ist die Übung sehr ungewohnt, weil er bislang wenig Kontakt zu seinem Körper aufgenommen hat und er die meiste Zeit versucht, ihn auszublenden. Ihm fällt es schwer, bei der Körperreise zu bleiben, da er ständig gedanklich abschweift und darüber nachdenkt, was er im Anschluss an die Übung tun wird.

Was Kasim beschreibt, ist ein ganz normales Phänomen, das auch häufig bei Entspannungsübungen auftritt. Wenn auch du bei dir merkst, dass deine Konzentration abnimmt und deine Aufmerksamkeit abschweift, nehme dies mit einem leichten inneren Lächeln zur Kenntnis und wende dich wieder behutsam der Übung zu. Es kann auch helfen, deine mitfühlende Seite zu aktivieren, um dich nachsichtiger in deinem Wohlfühlmoment mit deinem Körper zu begleiten.

ONLINE TIPP Du findest viele geführte Körperreisen und Körperwahrnehmungsübungen auf YouTube, aber auch als App. Hör doch mal rein bei BuddhaBoo, InsightTimer & Co. Es gibt auch einen mitfühlenden Body-Scan für Jugendliche, den du online aufrufen kannst: https://insighttimer.com/niinatamura/guided-meditations/mitfuhlender-bodyscan-fur-jugendliche

Neben der Wahrnehmung von ganzheitlichen sensorischen Empfindungen kannst du deine Aufmerksamkeit auch auf die Tatsache lenken, dass Körper nicht nur da sind, um angesehen zu werden, sondern so viel mehr sind: Dein Körper bzw. bestimmte Körperteile helfen dir bei vielen tollen Aktivitäten, die du gerne machst. Das ist sehr beeindruckend! Andere Jugendliche haben uns berichtet, dass sie es schätzen, mit ihren Armen Freunde zu umarmen oder ihre kleinen Geschwister zu tragen, mit ihren Augen abstrakte Kunstwerke zu betrachten, mit ihren Händen zu zeichnen oder mit ihren Füßen Tore zu schießen. Dein Körper hat es verdient, dass du ihm dafür Anerkennung schenkst. Vielleicht gelingt es dir ja sogar, dabei einen Hauch von Dankbarkeit zu spüren.

JETZT DU Es gibt so viele Tätigkeiten, die nur möglich sind, weil dich dein Körper so unglaublich unterstützt. Es ist an der Zeit, diese beachtliche Unterstützung anzuerkennen. Welche Funktionen schätzt du an deinem Körper? Setze den Satz fort: »Ich mag an meinem Körper, dass …«
In ÜBUNG 15, »Ich schenke meinem Körper Anerkennung«, im Downloadbereich des Buches findest du Beispiele und kannst selbst ergänzen, was du an deinem Körper magst. Dein Körper ist absolut großartig!

Laura, 16, »Es ist wirklich erstaunlich, wie viele alltägliche Tätigkeiten mir eingefallen sind, bei denen ich die Mitarbeit meines Körpers schätze. Mitarbeit ist eigentlich das falsche Wort – mein Körper leistet die Hauptarbeit bei diesen Tätigkeiten. Alleine wenn ich morgens aufstehe, mit den Händen eine Tasse warmen Kaffee halte und mit meinen Ohren meine Lieblingssongs höre. Oder was wäre, wenn ich nicht joggen gehen könnte zum Ausgleich nach einer anstrengenden Schulwoche? Ich genieße es, wie sich meine Füße kraftvoll vom Waldboden abdrücken und dann dieses Hochgefühl beim Laufen entsteht.

Ich muss auch an eine Freundin denken, die unter einer seltenen Hauterkrankung leidet – sie hat immer wieder Blasen und Wunden auf ihrer Haut. Ihre Hautschichten erneuern sich immer wieder und heilen – es ist Wahnsinn, wozu der Körper eigentlich fähig ist. Mir ist klar geworden, dass mein Körper wirklich Unglaubliches leistet. Und ich möchte ihn bei seinen Aufgaben so gut wie möglich unterstützen.«

YOU WILL MAKE IT: KÖRPERKONFRONTATION

Wie bereits beschrieben ist die Körperkonfrontation die bisher wirksamste Methode, um gegen Körperunzufriedenheit anzugehen. Die Konfrontation mit deinem Körper soll dir insbesondere dabei helfen, deine verzerrte Wahrnehmung abzulegen sowie dich ganzheitlich und realistisch zu betrachten. Indem du beginnst, deinen ganzen Körper wahrzunehmen, kannst du erstens deine Erwartungen und Befürchtungen mit der Realität abgleichen (du merkst, dass du dich komplett im Spiegel anschauen kannst, »ohne durchzudrehen«) und du erkennst beispielsweise, dass deine Nase gar nicht so groß ist, wie du befürchtet hast, sondern eigentlich mit deinem Gesicht gut harmoniert). Zweitens kannst du den Blick für die positiven Aspekte deines Körpers schulen – deine vielen Schokoladenseiten, die du möglicherweise völlig aus den Augen verloren hast. Darüber hinaus wirst du die heilsame Erfahrung machen, dass deine Gefühle von Angst, Panik, Scham und auch Ekel, die bei dir aktiviert werden, wenn du deine als unattraktiv bewerteten Körperteile betrachtest, mit der Zeit von ganz alleine schwächer werden.

Dafür ist es wichtig, dass du ausreichend lange in der Übung bleibst, damit die aktivierten unangenehmen Gefühle Zeit haben sich abzuschwächen. Dein Körper schüttet vermutlich insbesondere zu Beginn der Körperkonfrontation starke Stresshormone aus, wie Adrenalin und Cortisol, dadurch beschleunigt sich unter anderem dein Herzschlag und deine Muskeln spannen sich an. Dein Körper hat allerdings einen inneren Schutzmechanismus bei einer bestimmten Intensität eingebaut, sodass sich deine körperliche Anspannung nach einer gewissen Zeit von ganz alleine herunterreguliert. Dein Körper gewöhnt sich sozusagen an die Situation, und damit auch dein Gefühlserleben. Je länger du den Blick in einen Ganzkörperspiegel vermieden hast, desto intensiver wirst du möglicherweise zu Beginn deine körperliche Anspannung und deine Gefühle spüren. Die gute Nachricht ist: Je häufiger du die Übung durchführst, desto schwächer werden die unangenehmen Gefühle werden.

Es kann gut sein, dass gerade bei deiner ersten Durchführung deine Bewältigungsanteile versuchen werden, das Zepter zu ergreifen, um dich zu verschiedenen Kontroll- und Vermeidungsverhalten zu drängen. Mach dir das bitte bewusst! Einige Jugendliche in unserer Ambulanz haben versucht, sich die Situation kurzfristig erträglicher (d.h. weniger intensiv) zu machen, indem sie häufiger neben den Spiegel geblickt oder mit ihren Gedanken zu anderen Themen abgeschweift sind.

Das ist eine nachvollziehbare Strategie, die dich jedoch langfristig nicht weiterbringt - du nimmst dir auf diese Weise die Möglichkeit, heilsame Erfahrungen während der Übung zu machen. Es könnte dann nämlich sein, dass du denkst, »Ich habe den Blick in den Spiegel nur bewältigt, weil ich mir nicht meine Problemzonen angeschaut habe«, und zu der Überzeugung gelangst, dass deine unangenehmen Gefühle langfristig überhaupt nicht schwächer werden.

Um dir den Einstieg in die Körperkonfrontation etwas zu erleichtern, kannst du dich vorab mit deiner verzerrten Wahrnehmung auseinandersetzen. Hierzu gibt verschiedene Möglichkeiten. Wenn du dazu neigst, dich generell oder gewisse Körperteile (z.B. Bauch, Hüfte, Oberschenkel, Oberarme oder Po) als zu dick einzuschätzen, könntest du eine sogenannte Seilübung durchführen. Bei der Seilübung legst du entsprechend deiner Einschätzung den Umfang eines bestimmten Körperteils mit einer Schnur nach, z.B. den Umfang deines Oberschenkels. Im Anschluss legst du die Schnur um das jeweilige Körperteil und kannst dann den geschätzten mit dem tatsächlichen Umfang vergleichen.

Und? Wahrscheinlich wirst auch du dich verschätzt haben: Der geschätzte Umfang wird deutlich größer ausgefallen sein als der tatsächliche. Am besten legst du die beiden Schnüre für den geschätzten und den gemessenen Umfang als zwei Kreise ineinander, um dir die Abweichung zu verdeutlichen.

Genauso kannst du deine gesamte Figur einmal so auf einen großen Papierbogen zeichnen, wie du sie wahrnimmst.

Nun legst du dich selbst auf das Papier und lässt eine andere Person deinen Körperumriss umranden. Das kannst du auch mit der Kontur eines bestimmten Körperteils auf Klarsichtfolie machen, z.B. deiner Nase. Du legst dann die Kontur auf ein Foto deiner Nase. So hast du die Abweichung deiner Eigenwahrnehmung von der Realität bzw. von der Fremdwahrnehmung schwarz auf weiß vor Augen.

JETZT DU Für die Körperkonfrontation solltest du einen Ganzkörperspiegel verwenden. In der Übung geht es darum, dich ganzheitlich – von den Haaren bis zu den Füßen – zu betrachten und deine Körperteile neutral zu beschreiben. Das genaue Vorgehen angepasst nach Vocks, Bauer und Legenbauer (2018) findest du im Downloadbereich zum Buch beschrieben (ÜBUNG 16 »Lieber Körper, ich nehme dich ab jetzt als Ganzes wahr«).
Wichtig: Wenn du dich bei dieser Übung zu sehr gefordert fühlst, hole dir Unterstützung von einer Fachperson, z.B. einer Therapeutin oder einem Therapeuten.

Ganz wichtig: Nicht machen solltest du diese Übung, wenn du dich gerade im Untergewicht befindest – du solltest dich nämlich nicht an ein für dich langfristig ungesundes oder sogar lebensbedrohliches Gewicht gewöhnen. Auch wenn du gerade mit einer starken depressiven Stimmung oder mit selbstverletzendem Verhalten zu kämpfen hast, ist die Körperkonfrontation vor einem Ganzkörperspiegel für eine selbstständige Durchführung nicht geeignet. In diesen beiden Fällen solltest du die Übung nur im Rahmen einer Therapie, also gemeinsam mit deiner Therapeutin oder deinem Therapeuten, durchführen.

Marisa, 18, »Mir ist es zu Beginn extrem schwergefallen, mich im Spiegel ganz zu betrachten – am liebsten wäre ich weggerannt. Ich habe total gezittert und war supernervös, nach ein paar Minuten hat sich mein Körper aber beruhigt, und ich konnte vor dem Spiegel ruhig stehen bleiben. Richtig schwierig fand ich es, meine Oberarme, die Hüfte, den Bauch und meine Oberschenkel zu beschreiben – da war ich mehrfach kurz davor, die Übung abzubrechen. Ich habe mich dann auf die Beschreibung meiner Haut konzentriert, wie sie sich anfühlt und wie glatt sie ist. Für die Form einzelner Körperteile ist es mir noch nicht gelungen, neutrale Beschreibungen zu finden. Zum Ende der Übung war ich komplett erschöpft und müde, aber auch ein kleines bisschen stolz auf mich, dass ich es geschafft habe, mich nach so langer Zeit wieder im Spiegel zu betrachten. Wahnsinn! Als Belohnung bin ich mit einer Freundin ins Kino gegangen. Die zweite Körperkonfrontation ist mir dann tatsächlich schon deutlich leichter gefallen.«

WUSSTEST DU DAS?

Viele Jugendliche sagen uns, dass ihnen Musik geholfen hat, die Körperkonfrontation anzugehen. Hör doch mal rein in »My Skin« von Lizzo, »Who you are« von Jessy J, »Superwoman« von Alicia Keys, »Born This Way« von Lady Gaga, »No Judgement« von Niall Horan, »Be Yourself« von Audioslave oder in das unvergleichliche »Scars to your beautiful« von Alessia Cara. Vielleicht hast ja auch du Lust, eine Empowerment-Playlist mit Songs zu erstellen, die dich zu einem positiven Körperbild inspirieren. Welche Songs empowern dich?

Neben der Entwicklung eines ganzheitlichen Blicks und der Abschwächung von unangenehmen Gefühlen können dir Körperkonfrontationen auch dabei helfen, deine Aufmerksamkeit auf die Schokoladenseiten deines Körpers zu richten.

JETZT DU In einer Variante der oben vorgestellten Übung sollst du die positiven Aspekte deines Körpers benennen lernen. Was schätzt oder magst du an einem Körperteil und warum?

Wenn du nicht gleich eine positive Beschreibung findest, kannst du eine oder mehrere unterstützende Strategien angepasst nach Tanck und Kollegen (2022) anwenden. Nutze hierzu die ÜBUNG 17, »Mein Körper aus einem freundschaftlichen Blick heraus betrachtet«, aus dem Downloadbereich zum Buch. Diese Übung ist wirklich NEXT LEVEL – du kannst so stolz auf dich sein! Chapeau!

Mika, 16, »Die Körperkonfrontation mit den neutralen Beschreibungen habe ich ganz gut hinbekommen, aber meinen Körper positiv zu beschreiben – da war ich oft lost. Mir ist zwar schon was Positives eingefallen, aber ich habe mich ganz schnell verglichen und den positiven Aspekt dann wieder abgetan. Mir ist immer ein Fitnessinfluencer eingefallen, bei dem jeder Körperteil optimierter ist. Meine Bewältigungsanteile – »Der Perfektionist« – sind direkt angesprungen.

Als ich die Körperkonfrontationsübung zum zweiten Mal gemacht habe, konnte ich mich schon etwas besser einlassen. Da hat es mir geholfen, den jeweiligen Körperteil zu befühlen, um eine wohlwollende Beschreibung zu finden. Meine Haut ist zum Beispiel generell sehr straff und fest, das gefällt mir wirklich gut. Ich kannte es auch schon aus einer früheren Übung, den Fokus auf die Funktionen des Körpers zu legen, so bin ich sehr dankbar für meine Kraft in den Armen, mit der ich beim Basketball echt gute Würfe mache. Es war auch hilfreich, an meine Ex-Freundin zu denken und mir zu überlegen, was sie zu einem Körperteil sagen würde. Wenn ich versuche, mich mit ihren Augen zu betrachten, würde ich sagen, dass mir meine wuscheligen Haare, meine braunen Augen, meine langen Wimpern und mein verschmitztes Lachen gefallen. Sie mochte auch sehr meine gepflegten, schlanken Finger, die ich bis dahin als unmännlich abgetan hatte.«

HÖR AUF ZU KASCHIEREN, DICH ZU OPTIMIEREN UND ZU VERSTECKEN

Du hast nun einige Übungen zu deinen Gedanken, Gefühlen und deiner Wahrnehmung kennengelernt, die dich auf deinem Weg vielleicht schon weitergebracht haben. Möglicherweise hast du einen bedeutenden Meilenstein schon erreicht, indem du dich mit deinem Körper vor dem Spiegel konfrontiert hast. Die Zufriedenheit mit deinem Körper zeigt sich allerdings auch darin, wie du dich deinem Körper gegenüber im Alltag verhältst. Im Folgenden soll es daher um deine Verhaltensweisen und deine Bewältigungsanteile gehen, die du möglicherweise entwickelt hast, um deine innere Verletzlichkeit zu schützen.

Die Arbeit an deinen Bewältigungsanteilen hast du vielleicht bereits begonnen, als du sie dir als Person vorgestellt und sie interviewt hast (siehe ARBEITSBLATT 5 im Downloadbereich des Buches, »Wovor schützen mich Minirock, Rückzug oder ein Sich-Fügen?«). Du hast vielleicht schon herausgefunden, welche wichtige Funktionen diese Anteile in deinem Leben übernommen haben. Du hast vielleicht reflektiert, dass du dich dank deiner Bewältigungsanteile kurzfristig ein klein wenig sicherer und wohler in deinem Körper fühlst. Langfristig sind diese Anteile jedoch eher ungünstig für dich, da sie dich in deinem Alltag einschränken und dich nicht weiterbringen. Sie verlangen Verhaltensweisen von dir, die du immer wieder ausführen musst und mit denen du dich dennoch nicht substanziell wohler in deinem Körper fühlst. Sie halten folglich deine Unzufriedenheit mit dem Körper aufrecht. Wir möchten dich nun ermutigen, eine Liste zu erstellen, in der du alle Verhaltensweisen im Detail auflistest, zu denen dich deine Bewältigungsanteile drängen.

> **Wie Mika** bereits berichtet hat, neigte er dazu, sich viel mit bekannten Fitnessinfluencern, aber auch athletischen gleichaltrigen Jungs zu vergleichen. Ständige Vergleiche mit anderen Menschen bezüglich des Aussehens, so wie bei Mika und die du möglicherweise auch von dir kennst, sind nicht ganz einfach abzubauen. Ein wichtiger Schritt für Mika war es daher, diesen Influencern auf Instagram und TikTok nicht länger zu folgen und generell weniger Zeit auf Social Media zu verbringen – insbesondere an den Tagen, an denen er nicht so gut drauf war. Er hat sich vorgenommen, seine Aufmerksamkeit auf die ganze Person seines Gegenübers zu richten und nicht ausschließlich auf deren Muskeln.

Auch dir kann es helfen, daran zu arbeiten, nicht nur auf die spezifischen Körperaspekte bei deinem Gegenüber zu achten, sondern dich auf die ganze Person zu fokussieren. Versuche ganz bewusst, das Gefühlserleben und die Stimmung deines Gegenübers sowie den Inhalt eures Gesprächs wahrzunehmen.

> **Amira, 17,** »Ich hatte auch einen Vergrößerungsspiegel zu Hause, in dem ich mich ständig betrachtet habe. Da sieht man wirklich jede Pore und jedes noch so kleine Härchen – das hat mich fertiggemacht. Mit meiner Therapeutin habe ich vereinbart, den Vergrößerungsspiegel wegzuwerfen und mich nur noch morgens und abends zum Schminken bzw. Abschminken und Zähneputzen im normalen Badezimmerspiegel zu betrachten. Ich versuche, mich dann als ganze Person zu betrachten, so wie ich es in der Körperkonfrontation gelernt habe, und mich eben nicht nur auf meine Nase und die Körperhaare zu fokussieren. Darüber hinaus habe ich früher oft nach schönheitschirurgischen Eingriffen recherchiert und mir ausgemalt, wie ich aussehen könnte und wie viel besser mein Leben wäre, wenn ich eine andere Nase und einen pralleren Po hätte. Das war eine richtige Fluchtstrategie für mich, wenn ein Tag mal nicht so gut gelaufen war. Das hat mich aber keinen Meter weitergebracht. Ich möchte einen gesunden Umgang mit Belastungen und Unsicherheiten erlernen und diese Fluchtstrategie aufgeben.«

WUSSTEST DU DAS?

Per se Schönheits-OPs zu verteufeln, ist wenig feinfühlig. Wenn sich Menschen unwohl in ihrer Haut fühlen, weil sie wegen bestimmter Körpermerkmale stark gemobbt werden oder Schmerzen haben, kann ein schönheitschirurgischer Eingriff eine bedenkenswerte Option sein (z.B. Ohrenkorrektur, Brustverkleinerung, Entfernung eines großen Muttermals im Gesicht). Solltest du aber über operative Eingriffe, wie Brustvergrößerung, Brazilian Butt Lift, Bauchdeckenstraffung, oder über minimalinvasive Behandlungen, wie Dermalfiller, CoolSculpting, dauerhafte Haarentfernung, nachdenken, versuche dir klarzumachen: Ein schönheitschirurgischer Eingriff ist eine vermeintlich einfache Lösung, aber sicherlich nicht die beste Lösung für dein Selbst- und Körpererleben, deine Unzufriedenheit mit deinem Körper wird sich dadurch nicht nachhaltig verbessern.

Seriöse Ärztinnen und Ärzte sagen deutlich, was schönheitschirurgische Eingriffe in Wirklichkeit sind – schwerwiegende Eingriffe, Operationen, die mit vielen möglichen Komplikationen verbunden sind. Selbst bei minimal-invasiven Behandlungen kann es zu Schwellungen, Blutergüssen und ernsthaften Infektionen kommen. Wir möchten dich daher ermutigen, den Wunsch nach einem schönheitschirurgischen Eingriff oder einen bereits bestehenden Behandlungsplan zu überdenken und zunächst aufzuschieben. Erfahrungsgemäß verspüren Jugendliche nach Abschluss einer Körperbildtherapie nicht mehr den Wunsch, einen Eingriff vornehmen zu lassen.

Wenn du dich Situationen stellst, die du lange Zeit vermieden hast oder nur mit hoher Anspannung durchgestanden hast (z.B. dich in einer Umkleidekabine umzuziehen oder zu einer Party zu gehen), könntest du zunächst mit Angst und Panik reagieren. Auch wenn du eine Verhaltensweise aufgibst (wie z.B. Entwässerungstabletten zu nehmen), die dir kurzfristig ein Gefühl von Kontrolle und Sicherheit gegeben hat, wirst du dir vermutlich zunächst ohnmächtig und hilflos vorkommen. Das ist ganz natürlich so, weil du etwas Ungewohntes tust. Wenn du aber ausreichend lange in diesen Situationen bleibst oder ausreichend lange dein Kontrollverhalten aussetzt, werden deine körperliche Anspannung und dein unangenehmes Gefühlserleben von ganz alleine weniger werden.

Deine Gefühle von Scham und Ohnmacht werden ebenfalls mit der Zeit schwächer. Je häufiger du diese Situationen aufsuchst, desto weniger stark wird das Gefühlserleben zu Beginn sein und desto schneller wird das Gefühlserleben sich auch wieder normalisieren – das ist vergleichbar mit der Körperkonfrontation. Damit du die heilsame Erfahrung machst, dass die Situation für dich einfacher wird, solltest du mehrere Dinge beim Üben beachten: Erstens: Bleibe ausreichend lange in der Situation bzw. setze dein Kontrollverhalten ausreichend lange aus, bis die Angst deutlich abgeschwächt ist. Zweitens: Führe deine Übung mehrfach durch. Drittens: Pass auf, dass du kein Sicherheitsverhalten oder keine Rituale ausübst, um die Situation irgendwie zu »überstehen« (Hartmann u. a. 2019). Damit sind sowohl verhaltensbezogene Rituale gemeint wie schwarze Kleidung zu tragen, um den Bauch zu kaschieren, als auch gedankliche Rituale, wie ständig die eigenen Beine mit denen anderer Menschen zu vergleichen. Diese Rituale helfen dir möglicherweise dabei, dich kurzfristig ein kleines bisschen wohler zu fühlen oder vermeintlich Kontrolle über die Situation zu haben, verhindern allerdings, dass du die Anspannung und die Angst in den Situationen wirklich überwinden kannst.

Da du nicht alle Rituale gleichzeitig hinter dir lassen kannst, wähle zunächst ein bis zwei Rituale aus, auf die du dich konzentrierst. Es kann zunächst auch darum gehen, dein Verhalten für eine gewisse Zeit aufzuschieben (z.B. dich nicht sofort im Spiegel zu kontrollieren, sondern erst nach 10 Minuten). Genauso kann es sinnvoll sein, dein Verhalten abzulegen, indem du allmählich die Intensität abschwächst (z.B. nur die Augen zu schminken und nicht mehr das ganze Gesicht). Überlege dir vor der Übung auch gut, was du anstelle des ritualisierten Verhaltens machen könntest. Wenn du deine Handlung als sehr zwanghaft impulsiv wahrnimmst und bei der Übung eine große innere Anspannung verspürst, ist es sinnvoll, dir eine Ersatzhandlung zu überlegen (wenn du z.B. ein Spannen der Haut verspürst, setzt du dich auf deine Hände, anstatt an der Haut zu reiben).

JETZT DU Für den Abbau deines Kontroll- und Vermeidungsverhaltens findest du im Downloadbereich zum Buch die ÜBUNG 19, »Ich geh's an!«. Ein kurzes Memo (angepasst an Young 1999), bei dem du deine aktivierten inneren Anteile benennst und reflektierst, soll dich dabei unterstützen, aus deinen Bewältigungsanteilen auszusteigen.
Nutze das Übungsblatt für jede der fünf Verhaltensweisen, die du in ÜBUNG 18 festgelegt hast. Beginne mit dem Kontroll- oder Vermeidungsverhalten, das für dich am leichtesten aufzugeben ist (und du zuvor mit »1« bewertet hattest).
Auch hierbei gilt: Wenn du dich bei dieser Übung zu sehr gefordert fühlst, hole dir Unterstützung, z.B. von einer Therapeutin oder einem Therapeuten.

> **Paul, 14,** »Mein großes Thema war, dass ich nahezu panische Angst hatte, mein Gewicht auf der Waage zu sehen. Ich habe es daher komplett vermieden, mich zu wiegen. Als es darum ging, Schritt für Schritt meine Schutzmechanismen abzubauen, war klar, ich muss auch lernen, mich wieder zu wiegen. Mein Memo an meine verletzlichen Anteile hat mir dabei sehr geholfen – ich habe mir immer wieder innerlich gesagt: Im Augenblick spüre ich Panik und bin verzweifelt, weil ich vor einer Waage stehe. Das ist der kleine Paul, der sich meldet, weil ich mich genauso fühle wie damals in der Abnehmkur, als mein Gewicht täglich ›überwacht‹ wurde. Auch wenn mein innerer Kritiker mir gerade einreden möchte, dass es eine Katastrophe ist, wenn ich zunehme, und er davon überzeugt ist, dass ich alle nur wieder enttäusche, weiß ich, dass es ganz normal ist, wenn das Gewicht im Laufe des Tages schwankt. Mein Gewicht bestimmt zudem nicht meinen Wert als Menschen.«

So wie Paul geht es vielen jungen Menschen, unabhängig davon, in welchem Gewichtsbereich sie sich befinden. Körperzufriedene Menschen wiegen sich nicht mehr als einmal pro Woche. Das Gewicht schwankt bis zu 3 kg pro Tag abhängig von Wasserhaushalt, Verdauung, Blasenfüllung und Menstruationszyklus. Daher ist es auch nahezu unmöglich, einen einzelnen Gewichtswert isoliert zu interpretieren.

Wenn sich dein Gewicht in deinem Wohlfühlkorridor fest eingependelt hat, weil du entsprechend deinen Hunger- und Sättigungssignalen isst (genaue Erläuterungen in »Tue deinem Körper viel Gutes«, Seite 127), reicht es völlig aus, sich nur noch monatlich zu wiegen oder sogar noch seltener. Es ist absolut wünschenswert, dass dein Aussehen und dein Körpergewicht immer stärker in den Hintergrund treten und dafür deine Herzensangelegenheiten mehr Raum in deinem Leben bekommen. Wenn du krankheitsbedingt gerade ab- oder zunehmen möchtest oder du gerade ein ausgewogenes Essverhalten etablierst – dann solltest du dir dein Gewicht einmal pro Woche angucken. Allerdings gibt es auch das andere Extrem – junge Menschen wie Laura, die sich aus einem Kontrollbedürfnis heraus ständig wiegen.

> **Laura, 16,** »In der Hochphase meiner Essstörung habe ich mich mehrfach am Tag gewogen, meist vor und direkt nach einer Mahlzeit, um irgendwie zu kontrollieren, ob ich auch nicht zu viel zu mir genommen habe. Meine ganze Stimmung war von der Zahl auf der Waage abhängig – wenn ich abgenommen hatte, war ich gut drauf und kurz superstolz auf mich. Heute denke ich, wie absurd ich drauf war und wie viel Raum das so fucking unwichtige Aussehen in meinem Leben eingenommen hat. Wirklich stolz macht mich heute, wenn ich eine gute Freundin sein kann und ein Kleidungsstück selbst entwerfe – ich habe mir vor Kurzem das Nähen mit unserer alten Nähmaschine beigebracht.
>
> Um vom ständigen Wiegen wegzukommen, habe ich zunächst daran gearbeitet, mich täglich nur einmal zu wiegen, und als das gut geklappt hat, dann alle zwei Tage und dann alle vier Tage, und am Ende habe ich mich nur noch einmal pro Woche gewogen – das mache ich bis heute so. Ich habe die Erfahrung gemacht, wenn ich mir kleine Schritte vornehme, klappt es meistens viel besser.«

WUSSTEST DU DAS?

Wenn du Substanzen absetzen möchtest, die deine Körperform beeinflussen oder zum Muskelaufbau beitragen, solltest du das immer schrittweise tun und dich dabei ärztlich beraten bzw. begleiten lassen. Ärztinnen und Ärzte unterliegen der Schweigepflicht, egal um welche Substanzen es geht. Beim Absetzen von Entwässerungstabletten können Schwellungen (Ödeme) entstehen, beim Absetzen von Abführmitteln kann es zu Verstopfung kommen. Anabole Steroide bzw. Anabolika können beim Absetzen zu Potenzstörungen und depressiven Stimmungseinbrüchen führen. Vertrauensvolle Ärztinnen und Ärzte unterstützen dich auf deinem Weg.

ONLINE TIPP In Norwegen müssen seit Sommer 2022 Influencerinnen und Influencer Optimierungen und Kaschierungen, d.h. bearbeitete Fotos, mit einem gut sichtbaren Symbol kennzeichnen. Zudem sind nur noch ganzheitliche Bildbearbeitungen wie Aufhellung, Verdunklung oder Schärfung erlaubt. In Frankreich ist es bereits seit Herbst 2017 Pflicht, retuschierte Fotos zu markieren. Viel geändert hat sich dadurch allerdings bisher nicht, da die Markierung absichtlich klein gedruckt wird. Schau dir dennoch mal die Beiträge zu #filterdrop oder #instagramversusreality auf Instagram oder TikTok an oder mach doch einfach gleich mit.

GESTALTE DEIN SELBSTBILD

Wir möchten dich nun ermutigen, deinen ganz eigenen Stil zu entwickeln und zu lernen, deinen Körper für seine Einzigartigkeit zu schätzen. Wenn du dich nur an den aktuellen Trends oder Meinungen der Influencerinnen und Influencer orientierst, wird deine Zufriedenheit weiterhin abhängig sein vom Außen. Hinzu kommt, dass die meisten Trends gar nicht umzusetzen sind – selbst die Trendsetterinnen und Trendsetter können nur mit Retusche und schönheitschirurgischen Eingriffen ihre vermeintliche Makellosigkeit aufrechterhalten. Wir sind intensiver als je zuvor mit unerreichbaren Körperidealen bei Instagram & Co konfrontiert. Auf lange Sicht wirst du daher am zufriedensten sein und dich am schönsten fühlen, wenn du so bist, wie du bist – BeYOUtiful eben!

Aber wie finde ich heraus, wer und wie ich bin? Das Körperbild stellt einen entscheidenden Bestandteil deiner Identität dar. Der Körper ist die Hülle deines Selbst. Jugendliche experimentieren deshalb gerade in der Pubertät häufig mit ihrem Aussehen und Auftreten – das ist wichtig für die Identitätsfindung. Dein Körper verändert sich so schnell während der Pubertät, er wird weiblicher oder männlicher – es ist daher absolut nachvollziehbar, dass du zunächst unsicher bist, wer du in deinem Körper überhaupt bist.

Um herauszufinden, ob dein Körper »normal« ist und du »dazugehörst«, vergleichst du dich mit den Körpern anderer Menschen und versuchst dich rückzuversichern. Auf dem Weg zu deinem eigenen Stil ist folglich die Meinung der anderen Menschen wichtig – solange diese Vergleiche nicht überhandnehmen und in einem gesunden, körperpositiven Umfeld stattfinden, ist das auch absolut sinnvoll (vgl. den vorangegangenen Abschnitt). Vergleichst du dich also in einem Freundeskreis, der Diversität gutheißt und dich in deiner Einzigartigkeit feiert, wirst du darin unterstützt werden, deinen ganz eigenen Stil zu finden. Wenn du dich jedoch in einem Freundeskreis bewegst, in dem alle dem vermeintlich einzigen Schönheitsideal folgen, führen die Vergleiche dazu, dass du dich weiter unwohl und verunsichert in deinem Körper fühlst. Traue dich, aktiv mit deinen Freundinnen und Freunden über eure Unsicherheiten und eure Vergleiche in den Austausch zu gehen. Diskutiert gemeinsam kritisch das vermeintliche Schönheitsideal und lasst euch davon nicht euer Aussehen diktieren. Gemeinsam seid ihr so viel stärker und könnt euch gegenseitig in der Entwicklung eines freundschaftlichen Blicks auf eure Körper unterstützen.

Um deinen eigenen Style zu finden, wähle die Outfits aus, auf die du wirklich Lust hast und die dir gefallen – unabhängig von dem, was gerade angesagt ist. Dein Style kann und darf sich auch mit der Zeit verändern, das ist völlig okay. Es ist verständlich, dass du nicht unbedingt von deinen Eltern Ratschläge zu deinem Aussehen und Outfit kriegen möchtest. Hole dir eine Einschätzung von deinen Freundinnen und Freunden und frage sie, was sie denken, was dir steht und was eher nicht. Lass dich allerdings nicht nur von deinem Freundeskreis beraten, der wie bereits besprochen, dich auch ungünstig beeinflussen kann – sondern hole dir auch Rat von Expertinnen und Experten, wie z.B. Make-up-Artists und Stilberaterinnen und -beratern, die für Body Positivity einstehen, Wenn du eine neue Frisur haben möchtest, suche dir eine Hairstylistin oder einen Hairstylisten, die bzw. der dir sympathisch ist und dich ausführlich berät, und lass dir genau erklären, warum sie dir etwas empfehlen. Kompetente Hairstylistinnen und Hairstylisten färben dir deine Haare übrigens nicht, wenn du noch nicht 18 Jahre alt bist. Du kannst dir also in aller Ruhe überlegen, ob du tatsächlich pinkfarbene Haare haben möchtest.

Lass dir Zeit herauszufinden, wie dir dein Aussehen am besten gefällt. Vermutlich werden dir neben der Beratung von Eltern, Freundinnen und Freunden, Expertinnen und Experten, Spiegel und weitere Reflexionen deines Körperbildes sowie Fotos eine Rückmeldung zu deinem Aussehen geben. Du solltest dir dabei jedoch immer wieder bewusst machen, dass Spiegel das Körperbild verzerren. Wenn du dich in einem Ganzkörperspiegel betrachtest, siehst du eine deutlich verkürzte Version deiner selbst. Auch Fotos sind nur ein Abbild und eine Momentaufnahme von dir – beeinflusst durch den Lichteinfall, die Perspektive und deine Stimmung; du solltest sie daher nicht zu ernst nehmen. Besser ist es daher, sich auf die Fotos zu fokussieren, auf denen man sich selbst (zumindest einigermaßen) mag, und die Fotos wegzuwerfen bzw. zu löschen, auf denen man schlecht getroffen ist.

JETZT DU Im Downloadbereich zum Buch findest du wertvolle Tipps von zwei Fotografen für ein natürlich schönes Foto: Ich bin ich, und ich bin schön! (INFO 4, »Was wir von Fotografen lernen können«). Zudem erklären sie dir, wie dich eine Fototherapie dabei unterstützen kann, deine grundlegenden Annahmen über deinen Körper und dein Aussehen fotografisch zu überprüfen. Probier die Tipps direkt einmal aus!

Zu deinem Selbstbild trägt neben deinem Aussehen auch dein Auftreten bei, das du ebenfalls gestalten kannst. Gehe dabei achtsam mit dir und anderen um – jegliche negativen und auch positiven Kommentare über deinen Körper und dein Aussehen bzw. den Körper und das Aussehen anderer Menschen, sogenannter »Bodytalk«, solltest du dir gut überlegen. Wie selbstsicher und kompetent gehst du mit Kommentaren zum Aussehen oder auch mit Bodyshaming um?

Fakt ist, dass sehr viele Menschen unsere gesellschaftlichen Schönheitsideale bisher noch wenig bis gar nicht hinterfragen. Wenn du dich bei der Findung deines eigenen Styles folglich als junge Frau ungeschminkt mit Pickeln, unrasiert oder mit einem ungewöhnlichen Kleid zeigst oder als junger Mann mit langen Haaren, Rock oder sehr figurbetonten Kleidern auftrittst, schlägt dir zunächst Unverständnis und sogar Ablehnung entgegen.

Auch wenn du Social-Media-Content generierst, musst du damit rechnen, dass neben Likes und zustimmenden Kommentaren auch negative Kommentare zu deinem Aussehen gepostet werden. In den sozialen Medien können die Kommentare noch härter als auf dem Schulhof, im Ausbildungsunternehmen oder an der Uni ausfallen, weil sie anonym geäußert werden können. Wir hoffen und wünschen dir sehr, dass du dich mithilfe der Übungen zu diesem Ratgeber jetzt schon etwas sicherer und wohler in deinem Körper fühlst. Dein innerer verletzlicher Anteil ist möglicherweise schon von dir versorgt worden, und du kannst deinen Körper bereits freundschaftlicher betrachten. Wenn du dieses innere Wachstum vollzogen hast, wirst du schon gelassener mit Kommentaren zu deinem Aussehen umgehen können.

Bodyshaming – nicht mit mir!

Oberstes Gebort: Nimm nicht alles zu ernst, was auf Social Media gepostet wird! In der Anonymität trauen sich viele Menschen, negative Kommentare abzugeben oder werden zu Mitläufern, ohne ihr Verhalten kritisch zu hinterfragen.

Sei Vorbild und poste keine Kommentare, die das Schönheitsideal bestärken. Jegliche Art von negativen und positiven Äußerungen zum Körper (»Bodytalk«) lenken die Aufmerksamkeit auf das Aussehen und rücken den Charakter, die Interessen und die Werte – die Herzensangelegenheiten eines Menschen –, in den Hintergrund.

Mach dir immer wieder klar, dass die Kommentare über dein Äußeres etwas über diejenigen aussagen, die sie abgeben – nicht über dich! Frag daher doch einfach mal interessiert nach: »Was genau möchtest du mit deinem Kommentar erreichen?«

Setze dich für Freundinnen und Freunde ein, wenn sie negative Kommentare zu ihrem Körper erhalten, und bitte selbst aktiv um Unterstützung, wenn du Hänseleien bezüglich deines Aussehens oder einer körperlichen Behinderung oder Einschränkung erfährst. Auch in vermeintlich »sicheren« WhatsApp-Gruppen, z.B. in der WhatsApp-Gruppe deiner Klasse, kann subtile Ausgrenzung passieren. Gewöhne dir an, eine klare Position zu beziehen. Vertrete die Haltung, dass Bodyshaming und (Cyber-)Mobbing nie gerechtfertigt sind. Du kannst z.B. sagen: »Du hast nicht das Recht, andere Körper zu beurteilen, hör auf damit. Jeder Körper ist ein guter Körper.« Tu dich mit anderen zusammen – gemeinsam seid ihr stark!

Mach dir bewusst: Du musst nicht den Erwartungen anderer Menschen entsprechen – was zählt, ist deine Zufriedenheit in deinem Körper und mit deinem Style!

Deaktiviere ganz bewusst die Kommentar-Funktion und Like-Funktion auf deinen Social-Media-Accounts. Wie das bei Instagram geht, findest du hier: https://praxistipps.chip.de/instagram-so-koennen-sie-kommentare-deaktivieren_123524

Und für TikTok hier: https://support.tiktok.com/de/using-tiktok/messaging-and-notifications/comments

Hole dir so früh wie möglich Unterstützung, wenn du Bodyshaming in deiner Klasse, in deinem Ausbildungsunternehmen oder an der Uni erlebst. In der Schule kannst du dich an eine Schulsozialarbeiterin, einen Schulsozialarbeiter oder an eine Lehrkraft wenden, der du vertraust. Im Ausbildungsunternehmen bietet es sich an, das Gespräch mit deinem Vorgesetzten oder falls vorhanden mit deiner Mentorin oder deinem Mentor zu suchen. An der Uni gibt es meist eine Antidiskriminierungsstelle, an die du dich selbstverständlich auch bei Hänseleien aufgrund des Aussehens wenden kannst.

Blockiere eine Person, wenn du von dieser Person wiederholt wegen deines Aussehens kritisiert wirst und kein Gespräch möglich ist.

ONLINE TIPP Die kanadische Sängerin und Songwriterin Alessia Cara schrieb 2016 den bereits erwähnten Song »Scars to your beautiful«, eine Hymne auf die bedingungslose Akzeptanz des eigenen Körpers. Auf YouTube findest du dazu den deutschen Videoclip (#ScarsStory):
https://www.youtube.com/watch?v=ErQuMoXnNHg
Hilf mit, dass diese so wichtige Botschaft in die Welt getragen wird!

TUE DEINEM KÖRPER VIEL GUTES

Freundschaftlich auf deinen Körper zu schauen, beinhaltet auch, immer wieder zu erspüren, was dein Körper gerade braucht. Wenn du deine körperlichen Bedürfnisse beachtest und gut versorgst, steigert das die Wertschätzung deines Körpers. Zudem hängt das körperliche Wohlbefinden eng mit deinem psychischen Wohlbefinden zusammen – körperliche Bedürfnisse stellen wesentliche Grundbedürfnisse dar und gestalten damit die Basis für deine Stimmungslage. Dazu passt auch der Spruch: »Man muss dem Körper Gutes tun, damit die Seele Lust hat, darin zu wohnen.« Bei guter Stimmung wird es dir wiederum leichter fallen, hilfreiche Gedanken zu deinem Aussehen zu entwickeln. Es handelt sich folglich um ein Wechselspiel zwischen der Achtung deiner körperlichen Bedürfnisse und deiner Zufriedenheit mit dem eigenen Körper, in das du aktiv eingreifen kannst.

Dein Körper ist weise – wenn du achtsam bist, wird er dich auf seine Bedürfnisse aufmerksam machen. Willst du mehr oder war das genug? Lieber Nudeln oder besser Ratatouille? Brauchst du Entspannung oder doch eher Bewegung? Willst du schon schlafen oder möchtest du dich noch mit etwas beschäftigen und dich inspirieren lassen? Über dein Hunger- und Sättigungsempfinden schickt dir dein Körper Signale, wann und was du essen solltest und auch, wann du aufhören solltest zu essen. Über Müdigkeit und Erschöpfung weist er dich darauf hin, dass du dich ausruhen und erholen solltest. Lerne, auf die Signale deines Körpers zu achten und ihm genau das zu geben, was er braucht.

Um diese Signale rechtzeitig wahrzunehmen, benötigt es Achtsamkeit. Achtsam für deinen Körper zu sein, bedeutet, dass du dich auf den aktuellen Moment konzentrierst und ganz bewusst mit allen Sinnen dein körperliches Befinden wahrnimmst (siehe auch ÜBUNG 14 im Downloadbereich des Buches, »Wohlfühlmoment für meinen Körper«). Diesen achtsamen Fokus auf sich und seine körperlichen Bedürfnisse muss jeder Mensch üben – dabei hilft es, ganz konkret eine oder mehrere kurze Pausen im Alltag einzuplanen, z.B. immer eine achtsame Pause morgens und abends nach dem Zähneputzen einzulegen. In einem ersten Schritt kannst du dich dann bei dir selbst nach deinem körperlichen Befinden erkundigen, indem du dich fragst: »Wie fühle ich mich gerade in meinem Körper?« In einem zweiten Schritt kannst du auf die Bedürfnisse deines Körpers achten – dabei helfen dir Fragen, wie: »Was braucht mein Körper?« oder »Wonach sehnt sich mein Körper?« In einem dritten Schritt kannst du dich an eine passende Antwort herantasten, die zu einer Verbesserung deines körperlichen Befindens führt.

Sei dabei nicht zu kritisch mit dir, du darfst mit Antworten experimentieren. Wenn du bereits eine längere Zeit deine körperlichen Bedürfnisse übergangen hast, benötigt es zu Beginn etwas Übung, eine Antwort zu finden, die auf dein Bedürfnis eingeht. Probiere es einfach mal aus: Wenn du dich verspannt fühlst, kannst du dich strecken und dehnen oder dir einen kuscheligen Schal anziehen. Wenn du dich hingegen gerade durstig fühlst, kannst du austesten, ob dir eher ein Glas kühles Mineralwasser oder eine Tasse warmer Früchtetee guttut.

> **Marisa, 18,** »Ich bin oft in meine Gedanken versunken und merke gar nicht so richtig, wie es mir in dem Augenblick geht. Und früher habe ich auch dazu tendiert, mich selbst abzuwerten, wenn ich gemerkt habe, dass ich unkonzentriert bin. Dann habe ich oft zu mir gesagt: »Reiß dich zusammen, du kannst doch nicht jetzt schon eine Pause machen.« Meine Therapeutin meinte, ich solle mit mir so umgehen, als würde ich mir und meinem Körper zum ersten Mal be-

> gegnen – ganz unvoreingenommen und ohne meine körperlichen Bedürfnisse zu bewerten. Das ist mir zu Beginn richtig schwergefallen.
>
> Wir haben dann vereinbart, dass ich, sobald ich auf mein Smarthone schaue, kurz innehalte und mir überlege, wie es mir gerade geht und was mir jetzt guttun würde. Da ich sehr oft meine WhatsApp-Nachrichten checke, habe ich die Übung auch sehr oft gemacht. Das war zwar etwas nervig, aber auch hilfreich für mich. Mir ist aufgefallen, dass ich mich nach der Schule immer erschöpft fühle und eigentlich eine kleine Auszeit brauche. Statt mir diese bewusst zu nehmen, habe ich früher meistens Süßigkeiten gegessen, und das ist manchmal auch krass ausgeartet – bis zu Essanfällen ist es gekommen, für die ich mich weiter gehasst habe. Und das alles nur, um mir wieder Energie zu holen für die Hausaufgaben. Ich musste lernen, mir die Erlaubnis zu geben, mich auszuruhen, weil jeder Körper – auch mein Körper – nach einem langen, anstrengenden Schultag müde sein darf. Ich habe mir dann eine Liste von Aktivitäten gemacht, die mich entspannen: z.B. schöne Musik auf dem Bett hören, ein bisschen zeichnen, einen kurzen Power-Nap halten, mich in die Sonne setzen, um meinen Lieblingstee oder eine heiße Schokolade genussvoll zu trinken.«

Dein Körper braucht regelmäßig Nahrung → Damit dein Körper funktionsfähig ist, benötigt er Energie über die in Nahrungsmitteln enthaltenen Nährstoffe: Kohlenhydrate, Fett und Protein (Eiweiß). Jeder Mensch hat einen bestimmten Energiebedarf. Der ist sehr individuell ausgelegt und abhängig von den persönlichen biologischen Parametern, wie dem Stoffwechsel und dem Aktivitätsniveau, d.h. wie aktiv man seinen Tag gestaltet. Deshalb ist es auch nie zielführend, sich an einer vorgegebenen Kalorienmenge zu orientieren (außer du musst zunehmen, weil du dich in einem krankheitswertigen Untergewicht befindest), auch wenn das zahlreiche Influencerinnen und Influencer, Abnehmkuren, Diät-Apps, Frauenzeitschriften oder sogar Aushänge in Apotheken behaupten.

Du solltest vermeiden, Kalorien zu zählen oder dich mit den Angaben auf Packungsrückseiten zu beschäftigen, weil dich das von deiner körperlichen Weisheit entfernt. Wir möchten dich stattdessen dazu ermutigen, dich (wieder) auf deine körpereigenen Signale, wie Hunger und Sättigung, zu besinnen.

Wenn du lernst, gut auf dein Hunger- und Sättigungsempfinden zu achten, wirst du regelmäßig und abwechslungsreich essen, sodass sich dein Körpergewicht langfristig in einem gesunden Gewichtsbereich – deinem ganz persönlichen Wohlfühlkorridor – einpendeln wird (erinnere dich an den Infokasten »BMI, BMI-Perzentile – und was ist eigentlich ein »normales« Gewicht?«, Seite 46). Diäten, bei denen du nach einem

Plan, entkoppelt von deinem Hunger- und Sättigungserleben, isst, führen oftmals zu einem drastischen Nährstoffmangel – dieser Nährstoffmangel ist meist an deinem Äußeren erkennbar. Deine Haut wird fahl, die Nägel werden spröde oder brechen ab und deine Haare werden strohig oder fallen sogar aus – und das sind nur die ersten Anzeichen, weitere massive körperliche Beschwerden folgen, je stärker du in ein Untergewicht rutschst. Zudem verschlechtert sich deine Stimmung, und dir wird es immer seltener gelingen, deinen Körper wohlwollend zu betrachten.

Hinzu kommt, dass Diäten mit dem Fokus auf eine schnelle Gewichtsabnahme zu einem sogenannten »Weight-Cycling« führen – dein Gewicht beginnt extrem zu schwanken. Dein Körper passt sich zunächst an die Diät an und reduziert deinen Energiebedarf, d.h. dein Stoffwechsel verlangsamt sich. Du isst nun möglicherweise weniger als deine Freundinnen und Freunde und nimmst dennoch nicht ab bzw. nimmst sogar zu. Daneben wirst du ständig an Essen denken müssen, wodurch Heißhungerattacken bis hin zu Essanfällen entstehen können. Wenn du nun die Diät beendest, speichert dein Körper die zusätzlich aufgenommene Energie als Körperfett, und du nimmst übermäßig rasch zu. Wenn du dich nun zu einer weiteren Diät aufraffst, steckst du schon mitten im Teufelskreis. Deshalb lass die Diäten sein und arbeite stattdessen mit deinem Körper zusammen – er ist verdammt weise.

Wenn du längere Zeit wenig auf die Bedürfnisse deines Körpers geachtet hast und noch nicht so genau weißt, wie sich eigentlich Hunger oder Sättigung bei dir anfühlen, macht es Sinn, dass du dich zunächst an den nationalen Ernährungsempfehlungen orientierst. Die Deutsche Gesellschaft für Ernährung e.V. (DGE) empfiehlt drei bis fünf Mahlzeiten pro Tag – aufgeteilt in drei Hauptmahlzeiten, davon sollte mindestens eine warm sein, und ggf. zusätzlich noch ein bis zwei Zwischenmahlzeiten am Vormittag und Nachmittag.

Im Downloadbereich zum Buch (INFO 3) werden die nationalen Empfehlungen für eine ausgewogene Ernährung erläutert. Neben Antworten auf die Fragen, was und wie viel man essen sollte, erhältst du dort auch Anregungen für ein achtsames Essverhalten.

Dein Körper braucht ein gesundes Maß an Bewegung → Über körperliche Aktivitäten kannst du erleben, wie sich deine Körperteile bewegen und zusammenwirken: Du erfährst, was sich für deinen Körper gut anfühlt und was für ihn eher unangenehm ist. Dein Körper braucht zudem Bewegung, um fit und gesund zu bleiben. Dein Kreislauf wird angekurbelt, und dein Gehirn wird mit Sauerstoff gut versorgt, sodass du dich besser konzentrieren kannst, dich lebendig und aktiv fühlst. Ein gesundes Maß an Bewegung schützt zudem vor Haltungsschädigungen, Mehrgewicht und späteren Herz-Kreislauf-Erkrankungen.

Darüber hinaus kannst du Anspannung und Alltagsstress abbauen. Hast du auch schon die Erfahrung gemacht, wie entspannt und zufrieden du dich in deinem Körper nach einer Runde Sport fühlen kannst? Und der schöne Nebeneffekt von Bewegung ist, dass deine Haut gut durchblutet wird und du dich meist fitter und vielleicht auch attraktiver fühlst. Mit einem Mehr an Bewegung kannst du folglich sehr positiv auf dein Körperempfinden einwirken. Nur, was ist eigentlich ein gesundes Bewegungsverhalten?

Weltweit verbringen junge Menschen zu viel Zeit sitzend vor dem PC oder am Smartphone, weswegen die Weltgesundheitsorganisation (World Health Organisation, WHO) Jugendlichen empfiehlt, sich täglich 60 Minuten zu bewegen. Jede Bewegungseinheit von nur 10 Minuten zählt! Und es geht vorwiegend darum, Bewegung in den Alltag einzubauen, d.h. mit dem Fahrrad in die Schule oder zu einem Treffen mit Freundinnen und Freunden zu fahren, die Treppe anstelle des Aufzugs zu nehmen, zum Supermarkt zu Fuß zu gehen anstelle mit dem E-Roller zu fahren, zu gärtnern oder mit einem Hund spazieren zu gehen. Überlege einmal: Welche Art Bewegung machst du gerne oder hast du früher gerne gemacht? Wann und wo könntest du mehr Bewegung in deinen derzeitigen Alltag einplanen? Beispielsweise könntest du dir vornehmen, morgens eine Haltestelle früher aus dem Bus auszusteigen, um den restlichen Weg zur Schule zu laufen und dabei Musik zu hören. Laut der WHO solltest du zwei- bis dreimal pro Woche so richtig ins Schwitzen bei deiner täglichen Bewegungseinheit kommen.

Wichtig ist, dass du dir eine Sportart suchst, die dir wirklich Freude macht und bei der es nicht (nur) um Leistung geht. Bei vielen Teamsportarten, wie z.B. beim Volleyball, steht das Miteinander und der Spaß an der Bewegung im Vordergrund. Sei insbesondere wachsam dafür, ob deine Trainerin oder dein Trainer oder andere im Team dein Aussehen oder das von anderen kritisch beurteilen. Sorge gut für dich, und unterstütze keine Vereine durch deine Mitgliedschaft, die das vermeintliche Schönheitsideal weiter bestärken. Wenn du tanzen möchtest, suche dir bewusst eine progressive Tanzgruppe, die diverse Körper akzeptiert oder sogar feiert.

Es sollte übrigens auch immer sportfreie Tage geben, sodass du nicht in ein zwanghaftes Bewegungsverhalten rutschst. Zwanghaft wird dein Bewegungsverhalten nämlich dann, wenn du exzessiv Sport treibst oder gewisse Aktivitäten stark intensivierst (z.B. ständiges Spazierengehen) und dabei bestimmte Regeln einhalten »musst«. Damit ist gemeint, dass du dich möglicherweise zu einem festgelegten täglichen oder wöchentlichen Bewegungsprogramm getrieben fühlst. Wenn bei dir ein zwanghaftes Bewegungsverhalten vorliegt, bist du vermutlich stark angespannt, verzweifelt oder machst dir extreme Vorwürfe, wenn du deine Übungen einmal nicht nach Plan durchführst. Auch könnte es sein, dass du dich immer direkt nach dem Essen bewegen »musst«, weil du Angst hast, sofort zuzunehmen. Da zwanghaftes Bewegungsverhalten der Einstieg in eine Essstörung sein kann, solltest du in jedem Fall mit ausgebildeten Fachleuten darüber sprechen (siehe hierzu den Abschnitt »Kein Weg ist zu weit, wenn man ihn gemeinsam geht«, Seite 77).

Dein Körper braucht ausreichend Erholung und Schlaf → Die Pubertät ist eine sehr aufregende Zeit, in der Schlaf häufig zu kurz kommt. Vielleicht kennst du auch von dir, dass du dazu neigst, abends spät ins Bett zu gehen. Vielleicht schaust du noch ewig Netflix-Serien oder scrollst dich durch deine Feeds auf Instagram oder du bereitest dich noch auf eine Prüfung vor, weil du dich sehr unter Druck setzt, gute Noten zu schreiben. Oder du machst dir abends noch große Sorgen wegen deines Aussehens, deines Körpers oder anderen, dich belastenden Themen, sodass du nicht gut einschlafen kannst oder morgens früh aufwachst. Manche Jugendliche haben auch Schwierigkeiten durchzuschlafen – sie können nachts schlecht wieder einschlafen, wenn sie einmal wach geworden sind (übrigens wird jeder Mensch mehrfach pro Nacht kurz wach – in der Regel, ohne es zu merken –, während er die fünf Schlafphasen durchläuft). Wenn du wenig geschlafen hast, ist es verständlich, dass du morgens Schwierigkeiten hast aufzustehen, wenn der Wecker klingelt. Rechtzeitig aufzustehen, um dich entspannt im Bad fertig zu machen, gemütlich zu frühstücken und dann in Ruhe den Tag beginnen zu lassen, ist dann nicht drin.

Die meisten Jugendlichen brauchen zwischen acht und elf Stunden Schlaf täglich, damit sich der Körper regenerieren und die intensiven Erfahrungen des Tages gut verarbeitet werden können. Bei ausreichendem Schlaf kann man die Aufgaben, die der nächste Tag mit sich bringt, besser bewältigen, da man konzentrierter, ausgeglichener und belastbarer ist. Zudem ist ein Schlafdefizit auch am Aussehen erkennbar – man sieht müde aus, die Augenlider hängen und Hautprobleme können entstehen. Auf Dauer stellt sich der Energiestoffwechsel um – es werden verstärkt Proteine zur Energieversorgung verwertet, und die nicht abgebaute Glucose wird in den Fettzellen gespeichert. Hinzu kommt ein gesteigerter Appetit, weswegen ein Schlafmangel langfristig zu einer Gewichtszunahme führen kann.

Auch in diesem Zusammenhang gilt: Wenn du dich müde und unwohl in deinem Körper fühlst, wird es dir schwerer fallen, deinen Körper so zu akzeptieren, wie er ist. Was kann dir dabei helfen, ausreichend Schlaf zu bekommen? Versuche einen regelmäßigen Schlaf-Wach-Rhythmus aufzubauen, d.h. plane die gleichen Einschlaf- und Aufstehzeiten für die ganze Woche ein. Stell dir dafür – zumindest in der ersten Zeit – den Wecker. Auch wenn es hart ist: Erst wenn sich dein Schlaf normalisiert hat, solltest du am Wochenende wieder ausschlafen.

Darüber hinaus kannst du auf eine angenehme Schlafumgebung achten – indem du dein Zimmer kurz lüftest, ein gedämpftes Nachtlicht anmachst und alle Dinge aus deiner Nähe verbannst, die dir Sorgen bereiten könnten (z.B. ein Foto, auf dem du dir nicht gefällst, ein Trainings- oder Diätplan, unvollständige Hausaufgaben, offene Rechnungen). Du solltest dein Bett wirklich nur mit Schlaf (und natürlich Sex und Intimität!) assoziieren. Versuche dir insbesondere keinen Druck wegen des Einschlafens zu machen, denke nicht: »Ich muss jetzt endlich schlafen, sonst werde ich morgen schrecklich aussehen.« Du kannst dir sicherlich gut vorstellen, dass das Muss-Sollte-Denken und das Katastrophendenken (siehe Seite 91) an oberster Stelle auf der Liste »How to stay awake« stehen. Der tatsächliche Schlafbedarf ist bei jedem Menschen anders, und es ist völlig ausreichend, wenn du dich in deinem Bett entspannst und dich mit geschlossenen Augen ausruhst.

Vielen jungen Menschen hilft es, wenn sie sich ein Abendritual ausdenken, z.B. eine Stunde vor dem Schlafengehen das Smartphone zur Seite legen, sich einen Tee machen, im Lieblingsbuch ein paar Seiten lesen, einen Podcast hören oder eine geführte Entspannungsübung machen. Um den Tag gut abzuschließen, hilft es auch, sich die angenehmen Erfahrungen des Tages aufzuzählen oder sich zu überlegen, worauf man sich am folgenden Tag freut. Wenn du merkst, dass sich trotz der Umsetzung dieser Empfehlungen dein Schlaf nicht verbessert und du weiterhin tagsüber sehr müde bist, solltest du dir professionelle Unterstützung suchen. Schlafstörungen können Anzeichen einer Depression sein und lassen sich gut behandeln.

> **Paul, 14,** »Ich bin meist ganz knapp aufgestanden und habe es nur mit viel Hektik halbwegs rechtzeitig in die Schule geschafft. Voll der Stress jeden Morgen! Abends habe ich oft noch gezockt und dann nicht den Absprung ins Bett geschafft. Es wurde oft eins oder sogar halb zwei unter der Woche, das war krass. Mit meinen Eltern habe ich mich oft deswegen gestritten. Mir wurde dann klar, dass ich abends zocke, um runterzukommen und nicht weiter über mein Gewicht und meine Unsicherheiten während des Tages nachdenken zu müssen. Zocken, um mich abzulenken gehört auch zu den Verhaltensweisen meiner Bewältigungsanteile. Dass sich Schlafmangel ungünstig auf meinen Glucosestoffwechsel und mein Gewicht auswirken kann, hat mir ganz schön zu denken gegeben. Ich mache es jetzt tatsächlich so, dass ich meinen Laptop und mein Smartphone gegen 22 Uhr meinen Eltern gebe.«

Neben der Beachtung und Versorgung deiner körperlichen Bedürfnisse solltest du auch ganz bewusst Aktivitäten einplanen, die dir und deinem Körper guttun. Sogenannte Gutes-für-meinen-Körper-Aktivitäten können Aktivitäten sein, die dich zu mehr Bewegung ermutigen: Du könntest dir Yoga-Übungen für zu Hause vornehmen, Bouldern gehen, einen Hip-Hop-Kurs besuchen, Badminton spielen oder einfach spazieren gehen. Mach dir klar, dass es dabei nicht darum geht, eine besonders gute Performance abzuliefern oder deinen Körper dadurch fitter zu machen oder anderweitig zu verbessern und zu optimieren. Der Genuss und die Freude an deinem Körper sollten im Vordergrund stehen – so, dass du positive Körperempfindungen ganz bewusst (wieder) wahrnehmen kannst.

Ebenso ist es möglich, Aktivitäten auszuwählen, die auf deine Körperpflege ausgerichtet sind: Du könntest dich von einer Freundin schminken lassen oder dir YouTube-Tutorials zu angesagten Frisuren oder zu Techniken ansehen, wie du deinen Bart trimmen kannst, und die danach bei dir ausprobieren. Erfreue dich am Styling, und stelle diese Freude und das Ausprobieren in den Mittelpunkt (es sollte dabei nicht um das Verstecken von vermeintlichen Makeln gehen). Dich von deiner Partnerin oder deinem Partner massieren zu lassen oder mit einer Freundin oder einem Freund oder deinen Eltern einen Barfußpark zu besuchen, sind Aktivitäten, um dich etwas sinnlicher deinem Körper zu nähern.

JETZT DU Wähle drei Gutes-für-meinen-Körper-Aktivitäten aus, und führe diese zeitnah durch. Treffe hierzu eine klare Vereinbarung mit dir selbst, die du in der vertiefenden ÜBUNG 20, »Mein Körper bringt Freude«, im Downloadbereich zum Buch notieren kannst.
Zudem findest du dort weitere Ideen für mögliche Aktivitäten. Kleiner Reminder: Dein Körper begleitet dich durch dein gesamtes Leben – es lohnt sich also sehr, eine freudvolle Beziehung zu ihm aufzubauen.

Nimm dir im Anschluss an jede vertiefende Übung Zeit, deine Erfahrungen zu reflektieren. Wachstum entsteht durch dein konkretes Tun und die Reflexion deiner Lernerfahrungen im Anschluss – erst dann kannst du diese als heilsame Erfahrungen verbuchen. Frage dich: »Welche Erfahrungen habe ich bei der Übung gemacht? Welche ungünstigen Erwartungen konnte ich widerlegen? Was habe ich für mich mitgenommen?« Schule dich darin, deine kleinen und großen Erfolge zu sehen, und belohne dich für jede Übung und abschließende Reflexion. Jeder kleine Schritt in die Richtung zu mehr Körperakzeptanz wird dich weiterbringen, auch wenn es nicht einfach ist, gegen alte Denk- und Handlungsmuster vorzugehen. Du kannst verdammt stolz darauf sein, dass du den langen Weg bis hierher zurückgelegt hast! Wir sind auch stolz auf dich und wünschen dir von Herzen alles Gute für deinen weiteren Weg zu mehr Zufriedenheit mit deinem Körper.

NOCH MAL DAS WICHTIGSTE IN KÜRZE

- Deine grundlegenden Annahmen können schmerzhaften Erlebnissen entstammen, die du hinsichtlich deines Aussehens und Körpers erfahren hast. Du schaust mit einer alten Brille auf heutige Situationen und denkst, das gleiche Erlebnis wird dir erneut widerfahren, obgleich du heute von anderen (wohlwollenderen) Menschen umgeben bist und so viel mehr Fertigkeiten besitzt als früher.
- Nutze aktiv Strategien, um deinen inneren Kritiker zu besänftigen und angemessene Alternativgedanken zu entwickeln. Auch wenn das mühselig erscheint, bleib unbedingt dran – es lohnt sich.
- Mach dir bewusst, dass Attraktivität zum Großteil von der persönlichen, subjektiven Einschätzung bestimmt wird. Vermische nicht dein Bedürfnis, Wertschätzung zu erfahren, mit dem Streben nach Anerkennung durch ein »perfektes« Aussehen.
- Lass in dir ein Gefühl von Verbundenheit mit anderen entstehen, indem du dir klarmachst, dass für jeden jungen Menschen die Veränderung des eigenen Körpers in der Pubertät eine riesige Herausforderung darstellt. Schenke dir Mitgefühl auf deiner Reise zu einer annehmenden Haltung deinem Körper gegenüber.
- Nimm dir Zeit, heilsame Bilder und Botschaften für deinen verletzlichen inneren Anteil zu entwickeln. Für deinen Heilungsprozess ist es entscheidend, wie gut es dir gelingt, Kontakt zu deinem inneren Kind aufzunehmen und es zu versorgen.
- Es gibt so viele Tätigkeiten, die nur möglich sind, weil dich dein Körper so unglaublich unterstützt. Schenke deinem Körper die Anerkennung, die er verdient. Dein Körper ist großartig!

- Vereinbare einen Waffenstillstand mit deinem Körper! Sich mit dem eigenen Körper und allen damit verbundenen Gefühlen zu konfrontieren ist extrem herausfordernd, aber auch unglaublich wirksam: Du kannst es schaffen, deinen Körper neutral und zunehmend positiv wahrzunehmen.
- Unterstütze dich dabei, heilsame Erfahrungen zu machen: Gebe Schritt für Schritt deine Versuche auf, dein Aussehen zu optimieren, deine Makel zu kaschieren oder zu verstecken, und prüfe deine Befürchtungen in Bezug auf die aktuelle Realität.
- Mach dich auf die spannende Suche nach deinem ganz persönlichen Style. Lerne, deinen Körper und dein Aussehen für seine Einzigartigkeit zu schätzen: Was dich anders macht, macht dich zu dir – BeYOUtiful eben!
- Your body is your choice! Ob du dich und wo du dich beispielsweise rasieren möchtest oder nicht rasieren möchtest, entscheidest alleine nur du. Bodyshaming ist nie gerechtfertigt!
- Für deinen Körper ist es eine Wohltat, wenn du dich wie eine Freundin oder ein Freund um ihn sorgst (d.h. regelmäßig und abwechslungsreich isst, dich regelmäßig bewegst und dich ausreichend erholst). Und denk dran: You can't live a full live on an empty stomach.

WEITERFÜHRENDE INFORMATIONEN

INSPIRIERENDE SOCIAL-MEDIA-ACCOUNTS

@AnyBody_de
https://www.facebook.com/AnyBody.Deutschland

AnyBody-Deutschland ist Teil des internationalen Endangered-Bodies-Netzwerks, das sich für mehr körperliche Vielfalt in den Medien und der Gesellschaft einsetzt.

@aufklo
https://www.youtube.com/c/aufklo

Bei »Auf Klo«, einer Produktion der KOOPERATIVE BERLIN im Auftrag von funk, dem Online-Content-Netzwerk der ARD und des ZDF, findest du zahlreiche progressive Interviews zu den Themen Body Positivity, Bodyshaming, Körperbehaarung & Co.

@bodyimagemovement
https://bodyimagemovement.com

Taryn Brumfitt hat 2012 das Body-Image-Movement gegründet und 2015 den Film »Embrace« gemeinsam mit Nora Tschirner produziert, 2022 ist ihr Film »Embrace Kids« erschienen.

@melodie_michelberger
https://www.melodiemichelberger.com

Melodie Michelberger ist eine der bekanntesten deutschen Body-Image-Aktivistinnen, die auch sehr offen über ihre Geschichte in ihrem Buch »Body Politics« (2021) spricht.

@soulfoodjourney.de

https://www.soulfoodjourney.de

Kira Paul hat eine Plattform für Betroffene mit Essstörungen ab 18 Jahren geschaffen und unterstützt bei der Gesundung und der Nachsorge nach einer ambulanten Therapie oder einem Klinikaufenthalt. Zudem veröffentlicht sie inspirierende und motivierende Inhalte in ihrem SoulFood Journey Podcast, die dabei helfen können, die Essstörung Schritt für Schritt loszulassen.

HILFREICHE INTERNETQUELLEN

KÖRPERZUFRIEDENHEIT

Initiative von Dove für mehr Selbstwertgefühl

https://www.dove.com/de/dove-self-esteem-project.html

Die 2004 gegründete Initiative von Dove für mehr Selbstwertgefühl setzt sich für einen Schönheitsbegriff abseits von Kleidergröße, Hautfarbe und anderen Äußerlichkeiten ein. Es stehen zahlreiche Materialien zur Entwicklung eines positiven Körpergefühls für LGBTQIA+ Jugendliche, Eltern und Pädagoginnen und Pädagogen auf der Plattform zur Verfügung.

Podcast #stopbodyshaming

https://essstoerungen-frankfurt.de/stopbodyshaming

Im Podcast #stopbodyshaming des Frankfurter Zentrums für Ess-Störungen werden Gespräche mit unterschiedlichen Menschen geführt, die sich mit dem Thema bodyshaming befassen.

InCognito-Blog

https://in-cogito.de/blog/

Auf dem InCognito-Blog des gemeinnützigen Vereins »jungagiert e.V.«, in Kooperation mit der Universitätsmedizin Mainz und ANAD e.V., kannst du Beiträge zum Thema Aussehen von anderen jungen Menschen lesen oder selbst verfassen.

Podcast »Appearance matters«

https://www.uwe.ac.uk/research/centres-and-groups/appearance

Das Center for Appearance Research (CAR) der University of West England führt groß angelegte Forschungsprojekte zum Körperbild durch und hat einen eigenen Podcast »Appearance matters«, wo aktuelle Forschungsergebnisse diskutiert werden.

ESSSTÖRUNGEN

Bundeszentrale für gesundheitliche Aufklärung

https://www.bzga-essstoerungen.de/

Die Bundeszentrale für gesundheitliche Aufklärung (BZgA) informiert zu Essstörungen im Kindes- und Jugendalter und nennt mögliche Anlaufstellen. Zahlreiche Materialien für Betroffene und Eltern stehen zum Download bereit.

Ninette.berlin

https://www.ninette.berlin

Auf der Onlineplattform »Ninette.berlin« wird die Geschichte der 14-jährigen Janette als interaktiver Comic erzählt, die an Anorexia nervosa erkrankt. Zusatzinformationen dienen zur Aufklärung über Essstörungen. Der frühere Bundesgesundheitsminister Hermann Gröhe (BZgA) hatte die Schirmherrschaft für das Projekt übernommen.

KÖRPERDYSMORPHE STÖRUNG

Netzwerk körperdysmorphe Störung

https://www.kds-net.com

Das wissenschaftliche Netzwerk körperdysmorphe Störung (KDS-Net) wurde von führenden Forscherinnen gegründet und wird von der Deutschen Forschungsgemeinschaft gefördert. Ausführliche Informationen zum Störungsbild und zu Behandlungsmöglichkeiten werden dargestellt.

Fachstelle PEP (Prävention Essstörungen Praxisnah)

https://www.pepinfo.ch/de/angebote-pep/fitness-muskelsucht.php

Diese ist eine der wenigen Internetseiten, die sich mit Fitness- und Muskelsucht beschäftigen. Der Verein Fachstelle PEP (Prävention Essstörungen Praxisnah) am Inselspital Bern informiert über das Störungsbild und zeigt Möglichkeiten der Selbsthilfe auf.

BERATUNG UND THERAPIE

Nummer gegen Kummer

https://www.nummergegenkummer.de/

Bei jeglichen Sorgen und Problemen erhältst du unter der europaweiten Telefonnummer 116 111 (Kinder- und Jugendtelefon) ein anonymes und kostenfreies Beratungsangebot (Mo.-Sa. 14-20 Uhr). Jeden Samstag erreichst du dort auch Jugendliche, die dich beraten. Zudem gibt es eine Online-Beratung per Mail oder Chat sowie ein Elterntelefon. Der Verein »Nummer gegen Kummer e.V.« arbeitet eng mit dem Deutschen Kinderschutzbund zusammen.

Krisenchat

https://www.krisenchat.de

Wenn du dir Hilfe über WhatsApp suchen möchtest, bietet dir der Krisenchat für junge Menschen bis 25 Jahre rund um die Uhr ein kostenloses Hilfsangebot. Unter der Nummer 01573 5998143 kannst du mit ehrenamtlich Geschulten über Gefühle von Isoliertheit und Einsamkeit und alle anderen Probleme und Krisen schreiben.

Bundespsychotherapeutenkammer

https://www.bptk.de/service/therapeutensuche

Die Bundespsychotherapeutenkammer (BPTK) verlinkt die Suche nach Kinder- und Jugendlichenpsychotherapeuten oder Psychologische Psychotherapeuten (ab 18 Jahren) entsprechend den Bundesländern. Unter Verfahren/Fachkunde kannst du eine Therapierichtung wählen. Neben der im Ratgeber dargestellten (kognitiven) Verhaltenstherapie zahlen die gesetzlichen Krankenkassen tiefenpsychologisch fundierte und analytische Psychotherapie sowie systemische Therapie.

Ärztlicher Bereitschaftsdienst

https://www.116117.de

Rund um die Uhr erreichst du kostenfrei unter der Telefonnummer 116 117 den Ärztlichen Bereitschaftsdienst, der dir dabei hilft, einen Termin bei einer Psychotherapeutin oder einem Psychotherapeuten zu vereinbaren. Auch eine Online-Terminvergabe ist möglich. Zunächst bekommst du einen Termin für eine psychotherapeutische Sprechstunde, im Anschluss dann einen Vermittlungscode, mit dem du eine Akutbehandlung oder probatorische Sitzung mit anschließender Psychotherapie vereinbaren kannst. Die Kosten hierfür übernimmt deine Krankenkasse.

Bundesfachverband Essstörungen

https://www.bundesfachverbandessstoerungen.de

Auf der Webseite des Bundesfachverbandes Essstörungen e.V. (BFE) findest du Adressen von Beratungsstellen, Wohngruppen, Kliniken, Praxen und Ernährungsfachleuten für Betroffene mit Essstörungen nach Postleitzahlen geordnet sowie Hinweise auf freie Therapie- und Betreuungsplätze.

Bekannte Spezialambulanzen für KDS

https://www.psychologie.uni-frankfurt.de/60407411

https://www.uni-muenster.de/KDSAmbulanz/

https://www.tu-braunschweig.de/psychologie/psychotherapieambulanz/erwachsene/kds

https://www.kp.uni-wuppertal.de/de/psychotherapieambulanz/behandlungsschwerpunkte/

Bekannte Spezialambulanzen für die Diagnostik und Behandlung von körperdysmorphen Störungen (KDS) befinden sich an der Goethe-Universität Frankfurt, an der Westfälischen Wilhelms-Universität (WWU) Münster, an der Technischen Universität (TU) Braunschweig sowie an der Bergischen Universität Wuppertal.

Deutsche Gesellschaft für Ernährung

https://www.dge.de/service/ernaehrungsberater-dge/

Auf der Webseite der Deutschen Gesellschaft für Ernährung e.V. (DGE) findest du eine Liste zertifizierter Ernährungsberaterinnen und Ernährungsberater geordnet nach Postleitzahlen. Gesetzliche Krankenkassen beteiligen sich sowohl an den Kosten für Präventionskurse als auch an denen einer Einzelberatung, wenn eine Krankheit vorliegt. Kläre vorab mit deiner Krankenkasse ab, welche Angebote sie übernimmt und in welchem Umfang.

WEITERFÜHRENDE LITERATUR

KÖRPERZUFRIEDENHEIT

Bauer, A., Vocks, S. & Legenbauer, T. (2018): Wer schön sein will, muss leiden? Wege zu einem positiven Körperbild. Ein Ratgeber. 2. überarbeitete Auflage, Hogrefe Verlag.

Bluth, K. (2018): The Self-Compassion Workbook for Teens: Mindfulness and Compassion Skills to Overcome Self-Criticism and Embrace Who You Are. New Harbinger Workbook Edition.

Brochmann, N. & Støkken Dahl, E. (2020): Schamlos schön: Klartext über Pubertät, wirre Gefühle und den Mut, du selbst zu sein. Dressler Verlag.

Eismann, S. & Persson, A. (2020): Wie siehst du denn aus? Warum es normal nicht gibt. Beltz & Gelberg Verlag.

Markey, C., Hart, D. & Zacher, D. N. (2022): Being you: The Body Image Book for Boys. Cambridge University Press.

Marrez, A. & Oda, M. (2015): Das kleine Übungsheft. Frieden schließen mit dem eigenen Körper. Trinity Verlag.

Sanders, J. & Rossetti, C. (2020): Liebe deinen Körper: Die Anleitung zur Selbstliebe. Zuckersüß Verlag.

Sanders, J. & Cathro, R. (2020): Sei ein ganzer Kerl. Die Anleitung zur Selbstliebe. Zuckersüß Verlag.

Schleifer, P. & Post, A. (2022): Gesundheit kennt kein Gewicht. Mit Selbstcoachingprogramm zu Körperakzeptanz, Intuitivem Essen und Spaß an Bewegung. Südwest Verlag.

Brumfitt, T. & Yager, Z. (2023): Embrace Kids: How you can help your kids to love and celebrate their bodies. Penguin Random House Australia.

Von der Gathen, K. & Kuhl, A. (2021): AnyBody: Dick & dünn & Haut & Haar: das große Abc von unserem Körper-Zuhause. Klett Kinderbuch Verlag.

Wilhelm, S. & Erckenbrecht, I. (2011): Fühl dich schön! Ein Selbsthilfeprogramm bei Problemen mit dem Körperbild. Hogrefe Verlag.

ESSSTÖRUNGEN

Eifert, G. & Timko, C. A. (2012): Mehr vom Leben: Wege aus der Anorexie. Das ACT-Selbsthilfebuch. Mit Online-Materialien. Beltz Verlag.

Freudiger, A. (2013): Eine Tütü-Torte für Elise: Kindern Magersucht erklären. BALANCE buch + medien verlag.

Klein, E. & Tilly, C. (Hg.) (2022): Vom Leichtgewicht zum Gleichgewicht. Mit Magersucht leben. BALANCE buch + medien verlag.

Munsch, S., Wyssen, A. & Biedert, E. (2018): Das Leben verschlingen? Hilfe für Betroffene mit Binge-Eating-Störung: mit Online-Materialien, 3., vollständig überarbeitete Auflage, Beltz Verlag.

Schmidt, U., Treasure, J. & Alexander, J. (2016): Die Bulimie besiegen: Ein Selbsthilfe-Programm, 9. Auflage, Beltz Verlag.

Svaldi, J. & Tuschen-Caffier, B. (2022): Ratgeber Bulimie. Informationen für Betroffene und Angehörige. Hogrefe Verlag.

Tuschen-Caffier, B. & Hilbert, A. (2022): Ratgeber Binge-Eating-Störung. Informationen für Betroffene und Angehörige. Hogrefe Verlag.

Treasure, J. & Alexander, J. (2014): Gemeinsam die Magersucht besiegen: Ein Leitfaden für Betroffene, Freunde und Angehörige. 7., überarbeitete und erweiterte Auflage, Beltz Verlag.

KÖRPERDYSMORPHE STÖRUNG

Brunhoeber, S. (2016): Keine Angst vorm Spiegel: Der Weg zur Körperakzeptanz. 2. überarbeitete Auflage., Stillwasser Verlag.

Phillips, K. A. (2009): Understanding Body Dysmorphic Disorder: An Essential Guide. Oxford University Press.

Ritter, V. & Stangier, U. (2010): Wenn das Spiegelbild zur Qual wird: Ein Ratgeber zur Körperdysmorphen Störung. Hogrefe Verlag.

Veale, D., Willson, R. & Clarke, A. (2013): Overcoming Body Image Problems including Body Dysmorphic Disorder. A Self-help Guide Using Cognitive Behavioral Techniques. Robinson.

Im Downloadbereich zum Buch findest du außerdem alle Literatur, die in diesem Buch zitiert wird:

https://balance-verlag.de/product/beyoutiful/